東大・京大に合格する子は毎朝5時半に起きる

はじめに

この本を手に取っていただきありがとうございます。皆さんは、「うちの子も朝5時半に起きたら東大・京大に入れるの？」と思われたでしょうか。それとも、「朝5時半に起きたからといって、必ず東大・京大に入れるわけないじゃない！」と思われたでしょうか。タイトルの話はさておき、まずは私の子どもたちについてご紹介させていただきます。

私には三人の子どもがいます。息子ふたり、娘ひとりです。三人とも山口県で生まれ、長男と次男は小学校卒業まで、娘は中学3年生の2学期まで山口県で育ちました。

長男と次男は中学校から県外の全寮制の中高一貫校へ進学し、その後長男は東京大学理科Ⅰ類に、次男は京都大学理学部にともに現役で合格しました。

娘は中学校の終わりからイギリスへ留学し、イギリスの高校に通っています。現在はイギリスの大学受験に向けて学んでいます。

子どもたちの経歴だけを見て、

「ご両親が優秀なのでしょう」

「お母さんがスパルタ教育をしたのですね」

と言われることもよくあります。

しかし、実際に私に会った皆さんが口にされるのは、

「こんなにゆるいお母さんだとは思いませんでした」

という驚きにも似た言葉です。本当に仲のよい友人からは、

「親が抜けているほど子どもは賢くなるんだね」

とズバリ言われたりもします（笑）。


私自身は決して秀才でもなく、ましてや天才などではありません。ごく普通の子ども時代を過ごし、ごく普通の学生時代を過ごしました。

結婚するまで子育てのことなど考えたこともなく、結婚したら普通に子どもを産んで普通に育てるものだと思っていました。

ところが、結婚していざ子どものことを考えはじめたとき、子育てが急に怖くなったのです。

親の育て方ひとつで子どもはノーベル賞を取るかもしれないし、逆に罪を犯してしまう

かもしれないと思うと、子育てのことなど考えたこともない自分にできるのだろうかと怖じ気づいてしまったのです。

よく考えたら私は子育ての勉強もしたことがなかったのです。これは私だけではなく、多くの女性も同じではないでしょうか。

私は自分の興味のあることにはとことんこだわる性格ですから、子育ての勉強をすることにしました。当時はまだインターネットはわが家にはなく、**近所の図書館で育児書や教育書を片っ端から借りて読みふけりました**。

学生時代の勉強とは違って、「いまから始まる子育て」の勉強ですから、どの本からもリアリティを感じて、内容がすんなり頭の中に入ってきました。

毎週図書館通いを続け、5年が経ったころ長男を授かったのです。

その頃には「子育てのノウハウ」や「頭のよい子に育てる方法」などが全部頭の中に入っているつもりになっていました。

しかしいざ子どもが生まれてみると、育児書に書いてあるようにはうまくいきません。

「赤ちゃんが泣いたら抱っこしておっぱいをあげたり、オムツを替えたりしましょう」と確かに書いてあったはずなのに、おっぱいをあげても泣きやまないわが子を前に途方にくれたこともありました。

「いったいどうしたらいいの！」と、赤ちゃんに向かって叫んでもますます激しく泣くばかり。私のほうが泣きたくなりました。

幼稚園に通うようになると、言葉遣いが悪くなったり、お手伝いを怠けるようになったり、口答えをするようになったり、イライラすることばかりが増えてきました。

育児書には、「それが子どもの成長なので温かく見守りましょう」と書いてあります。**頭ではわかるのですが、子どもに「嫌だ！」と大声で言われると、ますますイライラは募ります。**

子どもが三人になると、毎日の兄弟げんかや赤ちゃんがえりにうんざりする日々でした。

長男が小学生になる頃、やっと自分の子育てを振り返ることができるようになりました。ただ、そんなてんやわんやの日々のなかにあっても、「子どもの能力を伸ばしてあげたい」という思いだけは忘れずに持っていました。

自分がどんなにイライラしても疲れていても、子どもの能力の可能性を摘みとることだ

けはしたくないという思いで子育てをしてきました。

それがいまの三人の子どもたちを形づくってきたのだと信じています。

この本では、そんなゆるい母親がイライラしながらでも子どもの能力を伸ばすことができる本質について書き記したいと思っています。

最初にも書きましたが、子どもを毎朝5時半に起こせば必ず東大・京大に合格できるものではないのかもしれません。

しかし、実際にわが家では毎朝5時半に起き、その年齢に合った遊びや学びを選び、それを継続することで子どもたちの能力を伸ばすことができたと信じています。

タイトルでは朝5時半に起きたことだけが強調されていますが、それだけではなく、「学力を伸ばすお母さんの習慣」についてもお伝えします。

私は子どもの能力を伸ばすためには「子どもの習慣」ではなく、「お母さんの習慣」が大切だと考えています。

私の子育ての習慣が、少しでもあなたの子育てに役立つことを祈っています。

contents

第3章 東大・京大に現役合格する学習習慣

装丁／西垂水敦（krran）
イラスト／亀山鶴子
本文デザイン・DTP／ISSHIKI

第1章

子育ては思うようにはいかない

東大・京大合格！　チョコアイスの法則

～「子育ての軸」がぶれないように～

真新しい運動靴を履いてご機嫌で散歩をしていても、雨あがりの水たまりを見つけると突進していくわが子を見て、

「やめなさい！」

「水たまりに入っちゃダメ！」

と、思わず叫んでしまった経験があるお母さんは多いでしょう。

本当はお母さんだってこんなことは言いたくないのに、つい口から出てしまうのは、なぜなのでしょうか。

妊娠中に想い描いていた、かわいいわが子の楽しい子育て。

しかし現実になると、子育ては思うようにはいきません。

子どもは十人十色ですし、たとえ兄弟であっても性格も顔つきも体の大きさも違います。

親の言うことを素直に聞く子もいれば、親に反発する子もいます。わが子が素直なタイプならいいのですが、そうではないタイプの子どもだと、悩んでしまいます。

いい子に育てたい、賢い子に育てたいと望んでも、いったいどうやって育てればいいのか、見当もつかないでしょう。

東大・京大に現役合格した息子たち

私は三人の子どもを育ててきました。

男の子あり、女の子あり、素直な子もいますし、素直でない子どももいます。そんな三人の能力をそれぞれ伸ばしてやりたい、賢い子に育てたいと思って子育てをしてきました。

それが成功したかどうかは、いまの段階ではまだわかりません。

でも、**長男は東京大学現役合格、次男は京都大学現役合格、長女は中学生の頃からイギリスへ留学し、イギリスの高校で学んでいます。**

まだ子育ての途中ではありますが、「個性の異なる子どもたちの能力を、できるかぎりまで伸ばしてあげられた」と感じています。

泣きながら三人の子を育てる

「三人も育ててたいへんだったでしょう?」

と、いろいろな方からよく言われます。

そういえば、末の娘が生まれたのは、息子たちが幼稚園児のときのこと。里帰りもせず、夫の帰りも遅いなか、三人の子どもを抱えて泣きそうになりながら過ごした日々でした。

赤ちゃんがえりの次男が娘を踏みつけ、それをやめさせようと長男が泣き叫び、私も一緒に泣いたこともいまでは笑い話です。

もし、ひとりっ子だったら、もっとラクに子育てができたのかもしれません。

でも逆に、ひとりっ子なりのたいへんさもあったはずです。

子育て終盤のいま残るのは、なぜか「子育ては楽しかった」という思いばかりです。

では、三人の性別も個性も異なる子どもたちの能力を見極めて、それを伸ばしてあげられたのは、なぜでしょうか。三人に別々の接し方をしてきたのでしょうか。

いいえ、決してそんなことはできません。忙しい毎日のなかで、三人に別々の接し方をするなどできることではありません。

だからといって、**個性を無視して自分の考えを押しつけても、子育てが成功することは**

ないでしょう。

「子育ての軸」が悩みから救ってくれた

実は、私はあるひとつの基準で子育てをしてきました。

その基準に従って子育てをすると、男の子でも女の子でも、素直な子でもそうでない子でも、個性を伸ばしてあげられるといまでは思っています。

子育てをしている最中は、自分が正しいのかどうかはわかりませんでした。子育て終盤になったいまだからこそ、言えることなのです。

その「ある基準」とは、私の言葉で言うと「子育ての軸」のことです。この子育ての軸がしっかりしていると、迷うことなく、自分の子育てを全うすることができるのです。

雨でびしょ濡れの息子たち

息子たちが小学生だったとき、下校時に雨が降りだしました。

長男は学校の傘を借りて下校してきました。しかし、靴はびしょ濡れです。

次男は傘もささず、裸足で帰宅。

「靴は？」

と聞くと、

「明日濡れた靴を履いて登校するのはいやだから履かずに持ってきた」

と、平気で答えました。

私は、この二人の対応を叱ることもあきれることもなく認めました。

私の「子育ての軸」に当てはめると、二人とも「自分で考えて」行動しているからです。

体が濡れるのを避けるために学校の傘を借りた長男、明日履く靴を濡らさないために裸足で帰宅した次男。それぞれ自分で考えて行動したことを認めました。

あふれる情報におぼれるお母さんたち

私の子育ての軸は、「子どもが自分で考えて行動する」ということです。結果がどうであれ、自分で考えて行動することが私にとっては大切なのです。だから、叱ることなく、認めたのです。


いまは、たくさんの情報があふれています。

子育てについても、困ったときには、インターネットで検索すれば、たくさんのヒントを得ることができます。

でも逆に、そのあふれる情報に振りまわされてしまうお母さんが多いのも事実です。

「チョコアイス」にたとえるとわかりやすい

ここでは、子育ての軸を「チョコアイス」にたとえてお伝えします。

アイスのまわりがチョココーティングされているバーアイスをイメージしてみてください。

アイスのまわりのチョココーティングはあふれる情報です。いわゆる「子育てのノウハウ」です。なかのアイスが「子育ての軸」になります。

チョココーティング（子育てのノウハウ）が整っていると（たくさん知っていると）、見た目はとてもおいしそうに見えます。

しかし、なかのアイスがどろどろに溶けていたら、そのアイスはおいしいとは言えません。なかのアイスがしっかりと固まっていれば、チョココーティングは自然と固まりますし、どんな種類のチョコでもおいしいアイスになります。

また、アイスの素材も大事です。アイスは、ラクトアイス・アイスミルク・アイスクリームというように材料の割合で味も値段も変わります。

チョコアイスのおいしさは、なかのアイスの種類と固まり方、そしてチョココーティングとのバランスがすべてなのです。

子育てで言い換えると、情報（チョココーティング）に振りまわされることなく、子育ての軸（なかのアイスクリーム）をしっかりともつことで、子どもの能力を伸ばすことができるのです。

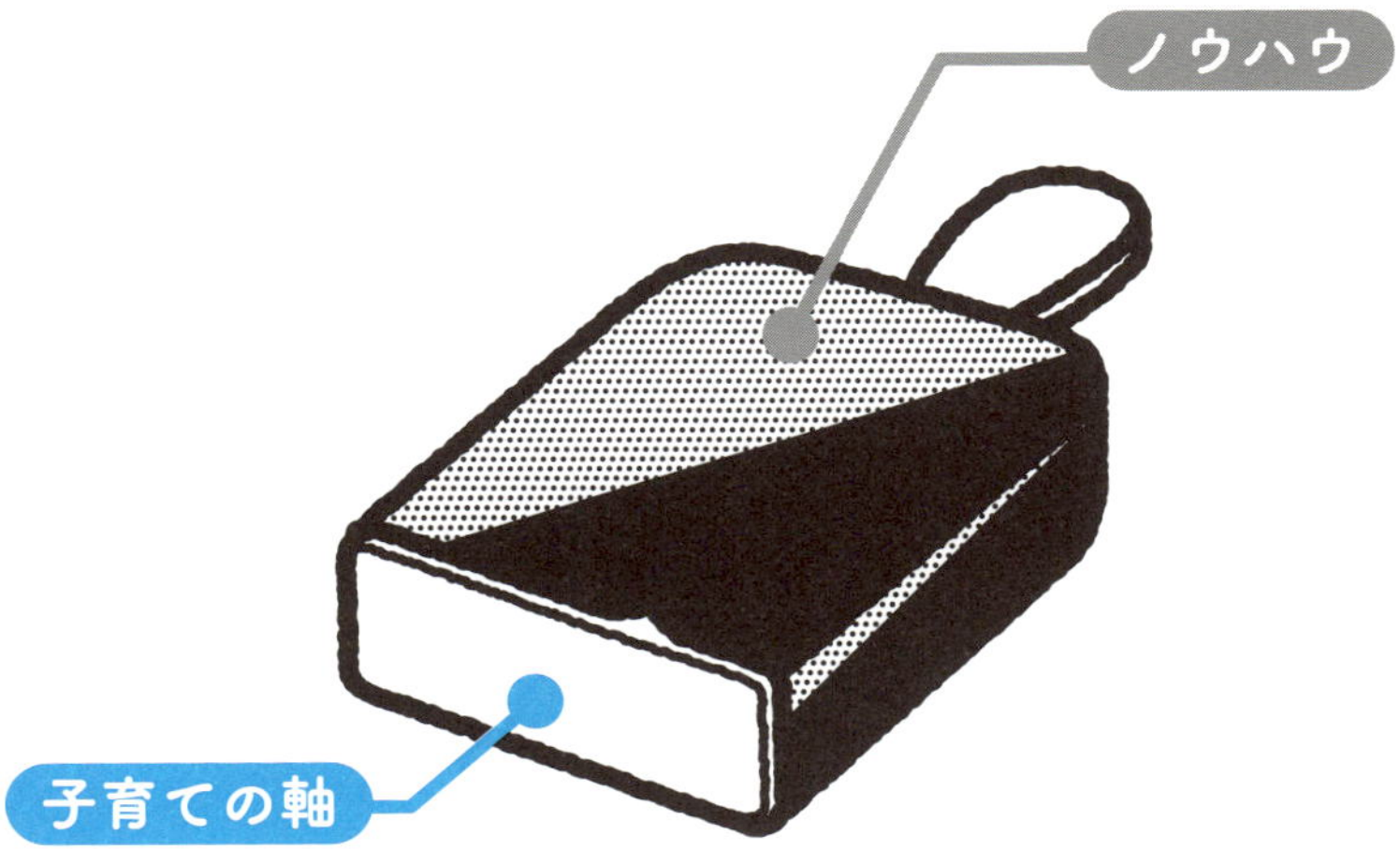

「子育ての軸」は
チョコアイスにたとえると
わかりやすい

自分と子ども、どちらを優先？
～お母さんも十人十色～

子どもは十人十色と述べましたが、お母さんも十人十色です。育った環境も違えば、夫のタイプも違います。子どもの人数も性格も、子育ての目標も違います。

でも、「わが子の能力を伸ばしてあげたい」という思いは、どのお母さんも同じでしょう。

私は、二十数年間、家庭教師や塾の講師をしていました。

たくさんの親子を見てきましたが、そこで感じたのは、「こんなお母さんなら子どもの能力は伸びる」「こんなお母さんでは伸びない」ということは言えないということです。

しかし現実には、能力を伸ばす子もいればそうでない子もいるのです。

お母さん自身の信念がぶれないように

伸びる子の共通点を見てみると、お母さんの学歴や教育熱心さや能力ではありません。

そうではなくて、お母さんの「子育ての軸」なのです。**子育ての軸がしっかりとしていれば、子どもはぐんぐん能力を伸ばしていくのです。**

では、「子育ての軸」とはいったい何でしょうか。

簡単に言えば、「お母さん自身の信念」のことです。そこがぶれないことが大切です。ひとりひとりの信念が異なるように、「子育ての軸」もお母さんによって異なります。

お母さんのなかには、「子どもも大事だけれども、自分の仕事も大事。自分がやりたいことをすることが大事」と思う人もいるでしょう。

反対に、「子どもが一番。自分のやりたいことを犠牲にしてでも、子どもを優先したい」と思う人もいると思います。

どちらも正解です。ご自分の考えに従って、子育てに生かすことが大事なのです。

子育ての軸がぶれてしまうのは、「自分の考えに反した子育てをしなければならない」と、お母さん自身が思いこんでしまっている場合です。

「本当は仕事を続けたいけれど、子どものために仕事を辞めてしまった」

「子育てに専念したいけれど、生活のために働かなくてはならない」

こんなお母さんの子育てには、苦痛が伴います。

「子どもがいなければ、もっと仕事ができたのに」

「子育てに専念できていれば、もっと子どもの能力を伸ばせたのに」

このように思うと、子育てがうまくいかないときに、後悔の念がわいてきます。

子育ての軸がぶれているときには、子どもは不安になります。たとえ赤ちゃんであっても、子どもは敏感に親の心の状態を読み取ってしまうからです。

子どもは不安になると、自分の能力を伸ばすことができません。地面がグラグラのところでは、思いっきりジャンプすることができないのと同じです。

「明日の朝が来なければいいのに……」

私自身は、子どもが生まれたときもその後もずっと仕事をしてきました。仕事をして社会とつながっている感覚が好きなのです。

ただ、長男が年少から小学1年生までの4年間だけは、仕事をせず専業主婦でした。実はその4年は、私にとってとてもつらい4年でもありました。

時間は十分ある、子どもと触れあう時間も十分ある。

でもいつもイライラし、満たされない4年間でした。

自分がイライラしていると、子どもへの声かけや行動もおざなりになり、「能力を伸ばそう」ということも考えられませんでした。自分で「子育ての軸がぶれている」とわかってはいても、どうしようもなかったのです。

ただ一日が無事に終わることだけを考え、子どもが寝静まったあと、ため息をついては、「明日の朝が来なければいいのに……」とさえ考えてしまう自分がいやでした。

「やりなさい！」ではなく「オッケー？」

長男が小学2年生になったとき、仕事を再開しました。

三人の子育てと仕事との両立は、目がまわるほど忙しいものでしたが、不思議とつらいと思ったことはありません。私にとってはつらい専業主婦の4年間を過ごしたことで、働ける喜びでいっぱいだったのです。

自分のなかで活力がみなぎると、子育ての意識は不思議と子どもを前向きに育てる方向に向きました。

時間が足りないことで、子どもの能力が伸びないと感じたこともありませんでした。子どもと触れあえる短い時間で、能力を伸ばす言葉をかけ、行動しました。

「宿題をやりなさい！」と命令するよりも、

「宿題はオッケー？」と明るく聞いてあげるだけで、子どもはスッと宿題をやりはじめます。

「宿題をやらせること」よりも、「明るく宿題に取りかかれるようテンションをアップさせること」が、私にとっては重要だったのです。

このように、仕事や時間の余裕のあるなしにかかわらず、「自分の子育てはこれで大丈夫！」と思える感覚が「子育ての軸」なのです。

私のまわりには、専業主婦のお母さんもたくさんいます。

「子どもと一緒にいることが楽しい」と、口を揃えておっしゃいます。そういうお母さんは、それが「子育ての軸」なのです。

どちらがいいとか悪いとかの問題ではないので、「働く主婦VS専業主婦」のような議論は不毛なものだと言えるでしょう。

「子育ての軸」がしっかりしていると、お母さんは自信をもって子育てをすることができます。子育てが楽しいと感じることができます。そうすると、子どもはのびのびと育つのです。

親の顔色をうかがわない子が伸びる

子どもの心は、お母さんの心を映す鏡だと思ってください。

お母さんの子育ての軸がしっかりしていると、子どもも自分のやりたいことを気兼ねなく、親の顔色をうかがうことなくすることができるのです。

もしお母さんが、まわりの目を気にして子育てをしていると、子どももまわりの目を気にするようになります。そうすると、心のなかに「自分軸」をつくることができなくなってしまいます。

お母さんに「子育ての軸」があるように、子どものなかには「自分軸」があります。**自分軸がしっかりした子は、自分のやりたいことをして、自分で自分の能力を磨くことができます。**

結果として、賢い子になり、ますます自信をつけて能力を伸ばしていきます。

合格母さんは3年で子育て法を変える
～乳幼児期・幼稚園期・小学校低学年期・高学年期～

「子育ての軸」は一貫してもちつづけてほしいのですが、実際の「子育て法」はずっと同じというわけにはいきません。

なぜなら、子どもはどんどん成長しているからです。赤ちゃんと小学生に同じ子育て法は通じませんよね。子どもの成長に応じて、お母さんの心構えも実際の子育て法も変えていくのがいいのです。

小学1年生のお母さんからたびたびもらう質問があります。

「幼稚園のときには素直でお手伝いもよくしてくれたのに、小学生になった途端口答えをするようになりました。どうしたらよいのですか？」

私は、こう答えます。

「そのままでいいのです。それが子どもの成長ですから、お母さんの対応のほうを考えてください」

3年ごとに節目がある

でも、**いつからどうやって子育て法を変えていくのかは、日常生活のなかではなかなか見極めることができません。**

たとえば、小学校の入学式を迎えても、昨日のわが子と式当日のわが子が変わったようには見えないからです。

しかし、子どもは成長を続けていますから、いままでの子育て法が通じなくなる日が必ず訪れます。

それならば、お母さんがあらかじめ子育て法を変える準備をすることによって、子どもの意識を変えられますし、子どもも自分の成長を感じることができるでしょう。

具体的には、私は3年ごとに子育て法を変えてきました。

子どもの人生には、だいたい3年ごとに節目があります。3歳で幼稚園入園、6歳で小学校に入学、9歳で高学年になる、12歳で中学校入学、15歳で高校へ、18歳で大学入学があります。

その節目に合わせて、親である私自身も心構えを新たにし、その日から子どもへの接し方を変えてきました。

といっても、ガラリと変わったわけではありません。

行動を変えたというより、親の心構えと子育ての目標を変えたのです。そうすると、自然と対応も変わってくるものです。

では、実際に私が「子育ての目標」としていたことをご紹介しましょう。

3歳まで 「人生は楽しい」と教える

「三つ子の魂百まで」ということわざもあります。解釈の仕方はいろいろでしょうが、私は三つ子の魂とは、その子の人生観だと思っています。つまり、「人生は楽しい」と思うか、「人生はつらいものだ」と思うかが、この時期に決まってしまうのです。

一方、「三つ子の魂百まで」だから、早いうちに厳しくしつけなくてはならないという考えもあります。確かに、しつけや片づけの習慣を教えることも大事です。

でも、それらをあまりに厳しくしすぎて、子どもが「人生はつらいものだ」と思ってしまったら、それからの長い人生に影を落としてしまいます。

まずは、「人生は楽しい」と感じるように接してあげて、そのあとに必要なしつけや習慣を身につけさせるのがいいのではないかと考えたのです。

たとえば、どんな子どもでも通る道、「遊び食べ」。

子どもは楽しそうに食べながら遊んでいます。スプーンを床に投げたり、スープに手を突っ込んだりもします。テーブルの上も床も食べこぼしでベトベト。思わず、ため息が出ますね。

親は、「いまきちんとしつけなくては、食事のマナーが身につかない」と思って、

「やめなさい！」

と叱ってしまいがちです。

でも、よく考えてください。

中学生になって遊び食べをする子どもはいません。子どもの成長とともに自然となくなるものです。

ですから、「楽しい」を優先させて構わないのです。

6歳まで　とにかく子どもを励ます

幼稚園に入園するということは、社会への一歩を踏みだすことです。

すでに赤ちゃんのときから保育園に通っている子も、年少クラスになると本格的な集団

保育が始まります。それまで家庭内でずっとお母さんと一緒にいたわが子も幼稚園・保育園という集団社会のなかで、ルールを守るということを経験します。

お母さんは、ひと安心するとともに、心配にもなるでしょう。「うちの子はちゃんとできるだろうか、ちゃんとさせなくては」と必死になるお母さんもいるでしょう。

しかし、ここで**「きちんとしたいい子」を求めすぎると、子どもは混乱します。**

だから、きちんとすることよりも、社会に一歩を踏みだしたわが子を励ますことに意識を向けましょう。まだできなくて当たり前のことも多いのです。**年少ではできなくても、年長になればできることはたくさんあります。**

そういった、先を読んだ長い目でお子さんを励ましつづけてほしいですね。

私の次男は、椅子にじっと座っていることができませんでした。

幼稚園の参観日に行くと、椅子をガタガタいわせたり、身体を右や左に揺らしたり、ひとときもじっとはしていません。

でも、じっと座れないことを責めるのではなく、

「立ち歩かずに椅子に座っていられたね」

と、椅子に座りつづけていたことをほめてあげました。

すぐにできるようにはなりませんでしたが、小学校に入るといつの間にかじっと座って先生の話を聞くことができるようになりました。

9歳まで　ルールを絶対に守らせる

小学校に入学すると、本格的に社会へのデビューです。

幼稚園・保育園とは違い、自分の身のまわりのことや、係の仕事を自分自身でしなければなりません。

でも、まだまだ自分本位の年頃ですから、うまく対応できないお子さんもいるでしょう。

また、「宿題」や「係の仕事」など、自分がやりたいことではなくても、やらなくてはならない約束事も出てきます。

ここで、「約束を守る」という習慣をつけないと、高学年になっても中学生になっても宿題をしないとか、係の仕事をすっぽかしても平気になってしまいます。

私自身、小学校低学年の頃の子育てが一番たいへんだと感じていました。

子どもは約束や習慣を守ることよりも、友だちと遊んだり自分の好きなことをしたりするのを優先させたがるからです。行動の判断基準が「快か不快か」で決まってしまうからです。

それらを「社会との約束を守る」ように導いていかなくてはならないのですから、いままでよりも厳しく接しなくてはならない場面も出てきます。

ただし、**怒鳴ったり怒ったりする厳しさではなく、「約束を守るまでは自分のやりたいことはできない」といったルールを守れるまで待つという、親にも子どもにも厳しい対応をするということです**。

わが家のルールでは、幼稚園の間は食事の時間になっても遊びに熱中しているときには、食事の時間をずらしたりもしました。

しかし、小学生になったときから「夕ご飯は6時半から」と決め、それまでに宿題とお手伝いを済ませることをルールとしました。**ルールが守れない場合は、「夕ご飯抜き」という罰もありました**。これは厳しすぎたかなぁと、いまでは反省しています（笑）。

12歳まで「あめとむち」がもう通用しない

小学校の高学年になると、どの子もそれまでとはガラッと変わります。どんな変化か気になるところでしょう。

もともと素直なタイプのお子さんであれば、変化は少ないでしょう。

しかし、いままで素直ではないタイプややんちゃなタイプのお子さんであれば、「別人になったのでは？」と思えるほどの変化があるかもしれません。急に無口になり、親が話しかけても面倒くさそうに、「別に」と生返事をするかもしれません。

いままでの「子どもの脳」から「大人の論理的な脳」に変わるからなのですが、あたかも別人になったかのように感じます。

ここまで3年ごとに接し方を変えてきていたら、ここからの子育てはラクになるはずです。大人対大人として付きあえるからです。

いままで、「何度言っても聞かない」「こちらが言うことを理解してくれない」と思っていたわが子にも、言葉がすんなりと伝わるようになります。

しかし、幼児のままの子育てをずっと続けてきていたとしたら、ここからの子育てはややこしくなります。

幼児のままの子育てとは、子どものことを思いすぎるあまり、要求をすべて受け入れる、子どもが駄々をこねたら受け入れる、または子どもが言うことを聞かないときは無理矢理押さえつける、そんな子育てです。

「100点を取ったらゲームを買ってあげるね」

「宿題をしなかったらおやつはなしね」

こんな「あめとむち」の子育てが通じるのは9歳までです。

小学校高学年になると、そんな子どもほど反発するようになります。すでに大人の脳になっている子どもに、上から目線で命令すれば反発するのは当然です。

そこで親が気づければいいのですが、気づかずに反発する子どもを無理矢理押さえつけていると、次の段階でもっとたいへんなことになります。

15歳まで　見守ることしかできない

子どもが中学生になると、だんだん親の能力を超えていきます。体は大きくなり、親の背をこす子も大勢いるでしょう。

また、学習面でも親ではもう理解できない段階に入ります。運動能力も体力も到底子どもにはかなわなくなります。

そうすると、本来は親の出る幕はなくなります。親にできることは、「子どもを見守ること」だけになるのです。

しかし、人生経験だけは、まだ子どもにこされることはありません。

だから、**子どもが困ったときに、これまでの経験からアドバイスをしてあげることが、**

す。

親にできる最善のことなのです。

高校入試の悩みや部活の悩みなど、数十年前の親と同じような悩みを子どもは経験します。

「お母さんも志望高校を決めるときに、とても迷ったの」

「部活の先輩が厳しくて、トイレでよく泣いたの」

とお母さん自身の経験談を話してあげると、子どもは悩んでいるのは自分だけではないと安心するでしょう。

しかし、このときになってもまだ、「上から目線」の子育てをしていると、そのまま反抗期に突入します。反抗期はいつかは通り過ぎますから、あってはいけないわけではありませんが、穏やかに過ぎるほうが親も子も幸せです。

そう思ったら、親が子どもを「導く」のではなく、「見守る」姿勢に変えていきましょう。

15歳から　親の背中を見せる、背中で語る

高校生以上になると、子ども自身が自分の将来について、真剣に考えはじめます。どん

な職業に就きたいかとか、そのための進路はどうするべきかとかを自分ひとりで考える子どももいるでしょう。

そのときに大事なのが、人生のお手本なのです。お手本があるからこそ、子どもは具体的に自分の将来像を描けます。

もちろん、歴史上の偉人や学校の先生など他人でもいいのですが、一番身近なお手本が親なのです。

お手本となる人とは、人生において何か打ちこめるものをもっている人です。それは、仕事でも趣味でもボランティアでも何でもいいのです。

社会の役に立つことに自分の人生を懸ける姿を子どもに見せてあげましょう。そうすれば何も言わなくても、子どもは自分のお手本として親の背中を見るでしょう。

しかし、子どもが高校生になったからといって、お母さんに突然打ちこめるものが見つかるわけではありません。

もっと早い時期から自分が人生で何をしたいのかを考えましょう。

具体的にいつからかは人それぞれですが、子どもが小学校高学年になり、「大人の論理的な脳」になった頃から、子育てが終わったその後の自分の人生を考えはじめるのが理想です。

「子どもに尽くす」「子どもの世話を焼く」ことが、母親の仕事ではありません。

それらは一見、「いい母親」のようですが、子どもの能力を奪ってしまうことになりかねません。子どもはいつか、親元を巣立って自立していかなくてはなりません。

そのときに、精神的にも、生活面でも、経済的にも自立していなくてはならないのです。

それらを見据えて、巣立っていくわが子をイメージしながら、子育てをしましょう。

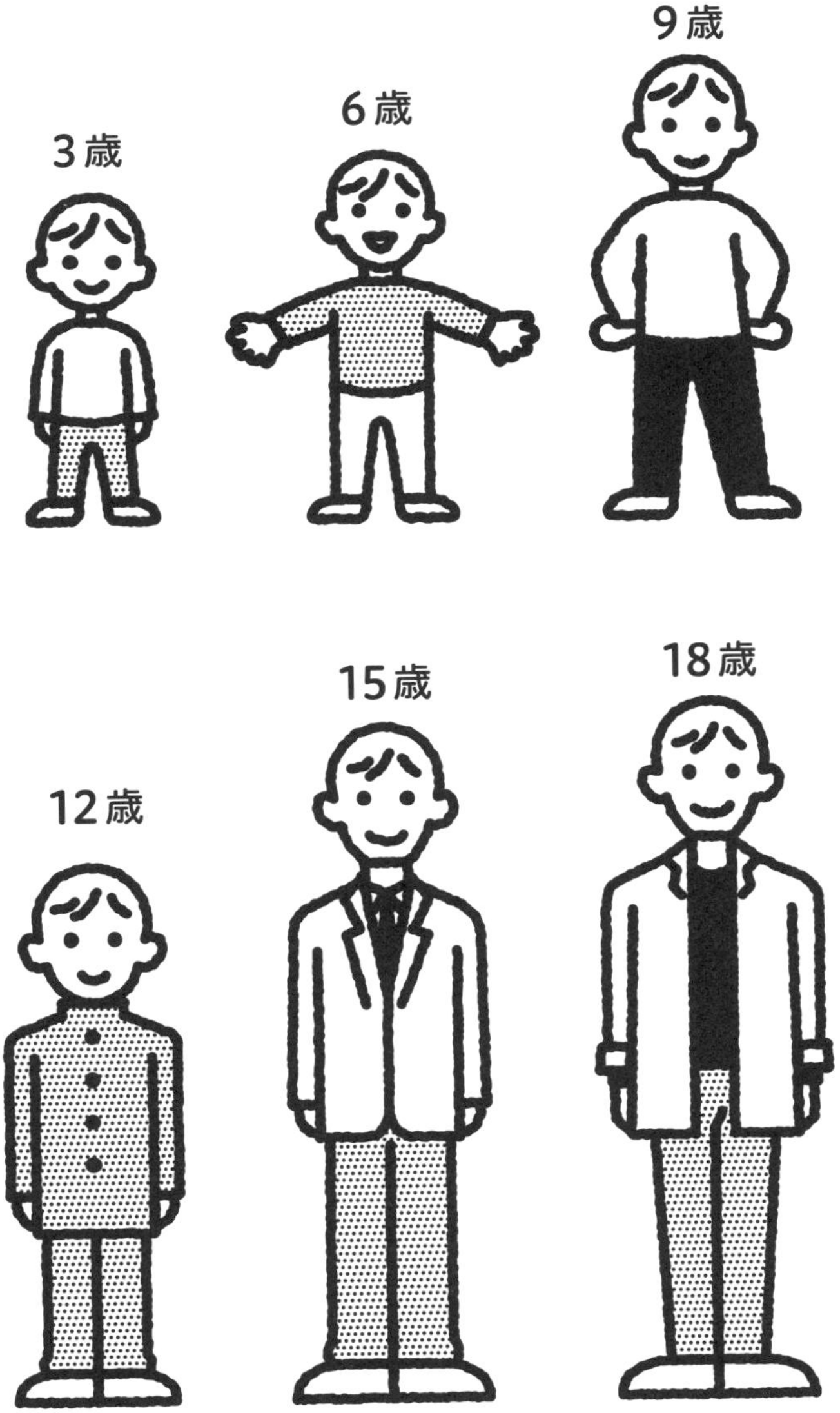
3歳
6歳
9歳
12歳
15歳
18歳

東大・京大合格の息子、留学中の娘

～男の子は考える前に動き、女の子は考えてから動く～

「お姉ちゃんはできたのに、どうして弟はできないのかしら？」

「お兄ちゃんはケガばかりするのに、妹はなぜこんなに静かなのかしら？」

兄弟を比べてはいけないと頭ではわかっているのに、知らないうちに比べてしまうのはなぜでしょうか。

一旦比べはじめてしまうと、その違いを不思議に思ったり、不満に思ったりするかもしれません。

わが子が二人以上いる場合、特に男の子と女の子が両方いる場合には、注意が必要です。どうしても比べてしまうからです。

私は、二人の男の子、一人の女の子を育ててきましたが、男の子と女の子はまったく別の生き物ではないかというくらい違いました。

子どもたちを公園に連れて行ったときのことです。

息子たちは、一目散に遠くのジャングルジムへ駆けだし、足元にある石ころには気づきもしません。見事に石につまずいて転んでしまいました。が、すぐに立ちあがり、ジャングルジムで遊んだと思ったら、すぐにブランコに、またすぐに滑り台にと公園中を駆けまわります。

反対に娘は、まずはじっくり公園のなかを観察し、砂場を選ぶと黙々と遊びはじめます。

もちろんすべてのお子さんがそのように行動するわけではないでしょうが、男の子と女の子にはこんな傾向があるようです。

幼稚園でも小学校でもそんなふうではないでしょうか？

教材や画用紙が配られると、先生の話をろくに聞かずにすぐに始めてしまうのは、たいてい男の子です。挙句の果てには間違えてしまったりします。先生の説明も聞かずに勝手にやりはじめるのですから仕方がないですね（笑）。

男の子のお母さんはお釈迦様になる

お母さんは女性です。だから、女の子の行動はある程度理解できるでしょう。

しかし、男の子の思考や行動は理解の範囲を超えてしまうことが多いのです。

そのときに、「男の子は考える前に行動するもの。女の子と男の子は別の生き物」ということを理解していたら、対応の仕方もまた変わってくるのです。

そんな男の子に、

「先生の話をきちんと聞きなさい」

「よく考えてから行動しなさい」

と言っても、無駄になってしまうことが多いのです。

だって、そのお母さんの話さえもよく聞いていないのですから……困り果ててしまいます。

もし、お子さんがそんな男の子の場合は、大人になった姿を想像して、

「大人になったときには、人の話をよく理解するようになっている」

「大人になったら、よく考えてから行動するようになる」

と自分に言い聞かせて、目の前にいるわが子には多少は目をつぶってあげましょう。

自分の感覚や常識が通じないことに早く観念したほうが、結局は平和な子育てができるようです。そして、失敗をしたときに怒らないことです。

「お母さんがダメって言ったでしょ！」

「だからやっちゃいけないってあれほど言ったのに！」

と怒るよりも、

「残念だったね、次はどうしたらいいかな？」

と考えさせてあげましょう。

男の子は「行動してから考える」のですから、失敗はつきものです。孫悟空を手のひらの上で遊ばせるお釈迦様のイメージで付きあいましょう。

手がかからない女の子の落とし穴

女の子の場合、よく考えて行動し、手がかからない子が多いので、お母さんはラクかもしれません。しかし、そこにも落とし穴があるのです。

そういうタイプのお子さんはチャレンジを嫌います。

自分ができること、自分が知っていることのなかだけで生活していると、安全で安心ではありますが、人としての興味や関心が広がりません。

だからあえてお母さんやお父さんが、新しいチャレンジを応援してあげることが大切なのです。一見、子どもの興味のなさそうなイベントに連れて行ったり、新しい友だちや大人に会わせてあげたり、そんな「新しい出会い」を与えてあげましょう。

家のなかで遊ぶことが多い子には、キャンプに参加させたり、募集型イベントでだれも知っている人がいないという経験をさせたりするのもよいでしょう。

参加する前はいやがるかもしれませんが、やってみて初めて新しいチャレンジの楽しさを味わうかもしれないからです。もちろん、そんなときにはお母さんやお父さんが近くで見守ってあげることが大切です。

もちろん、「うちの息子はもの静か」「わが家の娘はやんちゃでお転婆」と納得できない方もいらっしゃるでしょう。次の項では、別の視点から子育て法について考えてみましょう。

育てやすい子と育てにくい子？
～日本語が通じる子・通じない子～

前の項では、男の子と女の子で子育て法を変える話をしましたが、少し乱暴すぎたかもしれません。男の子でもおとなしい子はいますし、女の子でもやんちゃで言うことを聞かない子もいます。ここでは、別の視点から違った分類をしてみます。

よく言われる言葉に「育てやすい子」と「育てにくい子」というのがあります。

赤ちゃんのときからよく眠り、ニコニコ笑い、しゃべれるようになるとお母さんの話を素直に聞いて行動する子どもがいます。

一方で、赤ちゃん時代はずっと泣きつづけ、歩けるようになると勝手にどこへでも歩いて行ってしまい、何度注意をしてもどこ吹く風の子どももいます。

わが子が前者だった場合、お母さんには子育てのストレスはそれほどないでしょう。子育ても楽しいと思います。

そしてまわりからは、「お母さんの育て方がいいから、こんなに素直なお子さんに育ったのですね」と称賛されますから、ますます子どもが愛おしくなります。

しかし、後者だった場合、子育ては苦労の連続です。泣きつづけるわが子をあやしてヘトヘトになり、勝手に歩いていなくなってしまうわが子を追いかけ、ちっとも言うことを聞かないわが子にガミガミと怒りつづけなくてはならない……。まわりからは「しつけをしない甘い親」として見られることもあるかもしれません。

私は自分の経験から、育てやすい子・育てにくい子の差は親の子育ての差ではない！と声を大にして言いたいと思います（笑）。

三人のわが子のなかには、育てやすい子もいましたし、育てにくい子もいました。「いました」と過去形にしたのは、そんな育てにくかった子も、いまでは素直でやる気のある大人になったからです。育てやすい子は、いまでも素直で前向きなところは変わっていません。

育てやすい子の落とし穴

育てにくい子の子育て法の前に、あなたのお子さんが育てやすい子の場合の話をします。実は、育てやすい子の子育てには落とし穴があるのです。**手がかからない子の場合、どうしても親の声かけやスキンシップが少なくなってしまうことです。**

子どもの脳は、親とのかかわりによって成長していきます。小さければ小さいほど脳の成長にとって、親のかかわりが重要になります。赤ちゃんが泣けば、親は抱っこをしてあやしたり、声をかけたりします。そのたびに脳が成長しているのです。

しかし、すやすや眠っている子どもをわざわざ起こして抱っこすることはないでしょう。その分、親のかかわりは少なくなるのです。

わが家の末っ子は、本当に手がかからず、すやすや眠る赤ちゃんでしたので、**私はわざわざ眠っている赤ちゃんを抱っこしたり、ほっぺや腕をさすってスキンシップをしたりしたものです。**

スマホ母さんは大事な一瞬を見逃す

また、幼児期、小学校期になっても自分ひとりで集中して遊んでいる子どもには、親は安心して目を離してしまいがちです。

でも、**「お母さんに見ていてほしい」という気持ちは、どんな子どもでも同じなのです。**

だから、たとえ子どもが集中してひとりで遊んでいたとしても、目を離さず見守ってあげてほしいのです。

たとえば、積み木や砂山が完成した瞬間に子どもは必ず親の姿を探します。その瞬間に「よくできたね！」と笑顔で子どもの偉業をほめてあげてほしいのです。または、積み木や砂山が崩れてしまったときには、「残念だったね」と一緒に悲しんであげてほしいのです。

それが、「共感」となって、子どもとの信頼感が増しますし、子どもの脳の発達にも貢献するのです。どうか、スマホやタブレットに気をとられて、そんな瞬間を見逃すことがないようにしてくださいね。

と偉そうなことを言っていますが、私だっていつも子どもを見守っていたわけではありません。つい自分のことに夢中になって、

「ママ、見てててって言ったでしょ！」

と子どもに言われたことは何度もあります。子どもが大きくなったいまでも、

「お母さんはいつも私のことを見てくれていなかった」

と恨みごとを言われます。

子どもは見てもらったことは忘れるのに、見てもらえなかったことだけはよく覚えているのです。

怒りが静まる子育ての視点

次は「育てにくい子」の場合です。

いわゆる育てにくい子の場合、親はどうしても怒る場面が多くなるでしょう。でも、考え方によっては、それが親とのかかわりになるのですから、心配することはありません。コミュニケーションだと思えばいいのです。そのうえで、よりよいコミュニケーションをめざすなら、怒りたくなったときにどういう方法をとればいいかを考えてみましょう。

前の項でも書きましたが、「目の前のわが子」を見るのではなく、「大人になったわが子」を想像してみましょう。大人になって、意味もなく走りまわっている人はいませんし、大声で歌をうたう人もいないでしょう。子どもだからこその表現方法なのです。

そして、視点を変えてみましょう。

走りまわるのは脚力や平衡感覚を鍛えるため、大声を出すのは声のコントロールの練習

や肺活量を増やす訓練だと思えば、怒りが少し静まるのを感じませんか。

ときには変化球で勝負する

そして、育てにくい子にもっとも必要なのは、「お母さんの共感」です。どうか、やめさせたり、怒ったりするよりも、まずは共感をしてあげましょう。

「走りたいのね」「歌いたいのね」と言ってあげるだけで、子どもはお母さんとの信頼関係が深くなるのを感じます。

「ここは静かにするところだから、走ったり歌ったりはあとにしようね」と言うのは、共感したあとにしてください。

そうすれば、子どもはびっくりするほど素直になります。

わが子たちが学校から帰って着替えをすると、ぬぎっぱなしの洋服が床に散らばっていることがたびたびありました。

親としては、「片づけようね」と言ったら、「はい」と素直に片づけてほしいのですが、そううまくはいきません。

機嫌のよいときにはすぐに片づけることもありましたが、機嫌が悪いと聞こえないふり。

そこで何度も「片づけなさい！」を連発すると逆効果だとそれまでの失敗経験で学んでいますから、言いたい言葉をぐっと飲みこみ知らんぷりをしていると、知らないうちに片づいているのです。

つまり、**親の言うことを聞いていないのではなく、親の言うことに素直に従うのがいやなのです**。

それに気づいてからは、育てにくいタイプの子には直球で命令するのではなく、変化球で遠回しに言ったり、あえて言わなかったりするようにしました。

そのほうが結局、親子で争うこともなくスムーズに物事が進むのです。これが、育てにくい子の操縦法のコツなのかなと思います。

東大・京大合格の先にある「生きる力」
～夢を見つけ、夢を叶える力～

この本では、「学力に結びつく習慣」について書いていきますが、その前に考えてほしいことがあります。

「何のために学力をつけなければいけないのか」ということです。

いい大学に入るため、いい就職をするために必要なことはもちろんです。

でも、それだけではこれからの時代を幸せには生きていけないでしょう。

東京大学に入学しても、「これから先、何をすればいいのかわからない」と悩む大学生は大勢います。大企業に就職しても、その会社がなくなってしまうのは稀《まれ》なことではありません。

学力を鍛える＝「生きる力」

では、何のために勉強をしなくてはならないのか。

私は「楽しく生きていくため」だと思っています。それも刹那的《せつなてき》にいまだけ楽しいという楽しさではなく、「自分は社会に貢献している」という生産的な楽しさです。

言い換えれば、「夢を見つけ、その夢を叶える力」をつけることが目標なのです。そのために学力をつけるのです。

将来の夢を叶えるために、学力が直接的に必要かどうかはわかりません。

しかし、学力をつけるための努力がそのまま夢を見つける力、夢を叶える力に結びついているのです。

たとえば、テストで100点を取るために勉強すること。これは目標に向かうための努力と同じものです。

テストで100点を取ったときの達成感。これは社会に貢献したときの達成感と同じ種類のものです。

漢字をコツコツ練習すること。これは人からは見えないけれど、自分を鍛えるための訓練と同じものなのです。

私は、ただひたすらに「子どもたちが自分の夢を見つけ、やりたいことをして社会に貢献できる大人になってほしい」という目標に向かって日々を過ごしていました。

そして、**「生きる力」を身につけるために、学力を鍛えることは必須であると信じていました。「生きる力」と「学力を含めた賢さ」は、車の両輪のようにどちらも欠けてはならないものだと感じています。**子育てを二十数年してきて、私の目標設定は間違っていなかったようです。

図鑑少年が東大・京大に現役合格

「夢を見つけ、夢を叶える力」を子どもにつけようと思っても、具体的にどうしたらいいのかわからないでしょう。私も具体策はわかりませんでした。

幼稚園児のわが子が毎日図鑑の同じページだけを見つづけているとしたら、あなたはどう感じますか。

「もっといろいろな図鑑を見て、たくさんの知識を蓄えてほしい」

そう思ってしまうのも当然です。

しかし、ひとつのことをとことん追求するときに子どもの能力は伸びるのです。

図鑑の同じページばかりを見つづけていた幼児が15年後どうなったでしょう？

人並みはずれた集中力を身につけ、大学受験の勉強では1日12時間以上も問題集に向か

い、勉強しつづける高校生に成長したのです。その結果が東大・京大現役合格となって現れました。

もし親や先生から強制されて勉強しても、こんな成果は出なかったでしょう。それが、私の息子たちです。

逆効果になりやすい勉強法

「学力をつける子育て」は方法を間違えなければ、「夢を見つけ、夢を叶える力」につながります。それこそが、「生きる力」なのです。

子どもが将来自立して自分で生きていくだけでは、「人生を楽しく生きる」ことにはならないのです。いくら収入が多い仕事についても、それが自分のやりたいことでなければ、毎日ががまんの日々になります。「やりたいことをやって、社会に貢献する」ことこそ、楽しく生きることになるのです。

ただし、気をつけなければならないことがあります。

先ほど「方法を間違えなければ」と書きました。

学力をつけるためには、いろいろな方法があります。

ただ闇雲に長時間の勉強を強《し》いる、子どものやりたいことを奪ってでも勉強に専念させ

る、**大量に暗記させるなどは、逆効果になります**。

そこを親が勘違いすると、親も子もつらい時間を過ごすことになります。「いい中学・高校・大学に入るため」を目標にしてしまうと、そうなりがちです。

親は、子どものもっと遠くの将来をイメージしながら子育てをしましょう。そうすれば、もっと充実した日々を送れます。

子どもが将来大人になったときに、「楽しかった子ども時代」の思い出のなかに「勉強」が入るようにしてあげてくださいね。

第2章

東大・京大に合格する子は毎朝5時半に起きる

東大・京大現役合格！　子育ての優先順位
～高い自己肯定感を育てる～

「おたくのお子さんは、落ちつきがありません」

「おたくのお子さんは、お友だちと仲よくすることができません」

学校や幼稚園の保護者面談で、先生からこのように言われたらどうしますか。

ほとんどのお母さんは、動揺してしまうでしょう。

その面談の最中は、はずかしい気持ちでいっぱいになります。

そして、はずかしさがだんだん怒りに変わり、家に帰ると子どもに、

「あなたが落ちつきがなくてお友だちと仲よくできないから、お母さんははずかしい思いをしたのよ！」

と怒りをぶつけてしまうかもしれません。

私もわが子が小学生のときの保護者面談では、いろいろな先生にいろいろなことを言われました。

高い自己肯定感が高い学力を生む

子育てにおいて、大切なことはたくさんあります。

この本のテーマである学力を伸ばすことも大切ですし、挨拶《あいさつ》ができることもやさしい子どもに育てることも大切です。

そして、その優先順位はご家庭によって異なるでしょう。

ご両親がスポーツをしてきた経験があれば、スポーツや協調性を身につけることが優先順位の上位にあがるでしょう。芸術に親しんだご両親なら、芸術をたしなむことが人生の楽しみであると教えることになるでしょう。


でも、それらすべてにつながることがあります。

それは「自己肯定感の高い子どもに育てること」です。実は私の子育ての優先順位一位が「自己肯定感」を育てることでした。

自己肯定感とは、その言葉のとおり、「自分をOKだと思う感覚」です。

人間には誰にでも長所と短所があります。その短所も含めて自分が好きだと言える気持ちです。言い換えると、自分のことを信じることができるということです。

子どもの学力を磨くことも大切ですが、自己肯定感を高くすることで学力はその分高くなります。

反対に、**勉強のできない部分ばかりを指摘していると、子どもの自己肯定感は下がります。そうすると、学力は下がってしまうのです**。自己肯定感を下げないように親がサポートすることは、学力以上に大切なのです。

第1章で述べた子育ての方法は、どれも自己肯定感を高くするための方法です。そういった土台があってはじめて、子どもの学力は伸びていくのです。

しかし実は、日本人は世界のなかでも自己肯定感が低いと言われています。これはとても残念なことです。もっとも、日本の子育てを見ていると、それも仕方がないと思えます。**日本の教育は、家庭でも学校でも「短所に注目する」教育と言えます。悪い部分を指摘して、直していこうとするからです**。

また、「みんなと一緒」を大事にします。人と違うことをするのを極端に嫌う傾向があります。みんな一緒だったら安心、だからでしょうか。

気持ちひとつで難問だって解ける

私は小学校の保護者面談で、先生からほめられたところはオーバーに子どもたちに直接伝え、悪いところはあえて伝えませんでした。悪いところを伝えても、よくなるどころか自己肯定感が下がってしまうだけだと思ったからです。

あなたは、テストでできない問題があったときに、テストが終わって提出した瞬間に答えを思いだしたことはありませんでしたか?

テストができないと思っていると、テストの緊張感に負けてしまって、覚えているはずの答えさえ忘れてしまうのです。

反対に「自分はできるはずだ」と思ってチャレンジすると、ぼんやりとしか覚えていなかったことでも、だんだん答えが浮きあがってきたりします。これが、自己肯定感の影響なのです。

たとえば、算数の難しい問題を解くときに、「自分はどうせできない」と思っていると、やっぱり解くことができないのです。

反対に、**「自分なら解けるはず!」と自信をもって取り組めば、答えの糸口が見えてく**

るのです。同じ問題でも、自分の心持ちで解けたり解けなかったりするのは不思議ですね。

子どもの記憶は上書きされていく

親であれば、誰でもつい言ってしまう言葉があります。

「早くしなさい！」

これは、子どもにはどのように聞こえていると思いますか？

親は、短所である「ぐずぐずするクセ」を直そうとして言っています。

でも、子どもにはこう聞こえています。

「あなたはぐずでノロマな人間だ」

これでは、逆効果ですね。

つまり、「早く早く」と言われつづけた子どもは、「自分はぐずでノロマなダメな人間」と思ってしまう可能性が高いのです。自己肯定感も低くなってしまいます。どうか今日からは、子どもの短所よりも長所に注目してあげてください。

いままで「早く早く」と言いつづけてしまったと感じているあなた、大丈夫です。

子どもの心には柔軟性があります。そしていろいろな人の言葉や態度をすべて吸収して

いきます。

それもどんどん上書きされていくのです。

だから、もしいままで「早く早く」と言っていたとしても、今日からお母さんが言葉遣いを変えれば、それが上書きされて最新の記憶として残ります。

今日からは、子どものいい部分に注目して言葉をかけてあげましょう。

夜8時に寝る
～食事なし、風呂なしでもOK～

子育て中の家庭の夕方は、目のまわるような忙しさです。

習いごとや夕ご飯やお風呂が続きます。そして、歯磨きや絵本を読む時間も確保しなくてはなりません。

おまけに夕方ですから、子どももお母さんも疲れています。子どものぐずぐずにイライラし、「早く早く」とせかしてしまいます。


私も毎日戦争のような夕方を過ごしていました。毎日続く慌ただしさに、子育てを投げだしたくなったことも数しれず。

そんな日々のなかで、ふと気づいたことがあります。

「これだけのことをこの短時間ですべてやり終えるのは元々無理なのでは？」

よく考えたら、夕方6時半から8時までの間に、ご飯を食べてお風呂に入り、歯磨きをして絵本を読んで寝かせることは大人だってギリギリです。そこに兄弟ゲンカや新しい遊びが入ると、もう間に合うわけがありません。

完璧をめざさないから東大・京大に受かる

そこで、**すべてを完璧に終わらせることは諦めました。**

その代わりに優先順位をつけ、絶対にしなくてはならないことと省いてもいいことを決めました。

わが家の場合、夕方から就寝までの優先順位は、次のように決めました。

①夜8時に寝る
②歯磨きと絵本
③習いごと（ある日とない日がある、ある子とない子がいる）
④食事
⑤お風呂

小学生になると、これに「宿題」が入りました。

習いごとで遅くなった日は、優先順位の低いお風呂はなしになります。何かトラブルなどがあってお風呂を省いただけでは間に合わないときには、食事もなしでした。といっても、何も食べないとお腹がすいて寝られませんから、おにぎりだけは食べさせるようにしました。

「早寝早起き」がもっとも大切

私は生活習慣のなかでは、「早寝早起き」をもっとも大切にしてきました。

生活のなかで親が子どもに伝えていかなければならないことはたくさんあります。挨拶や片づけをすることや、お手伝いをすること、勉強をすることもそうです。

そのなかでも私は「早寝早起き」が大事だと考えます。そして、**「早寝」と「早起き」では「早寝」のほうが大切です**。

ここだけを読むと、ずいぶん厳しくて柔軟性のない生活のような気がするかもしれません。

私だって「ちょっとぐらい寝るのが遅くなってもいいじゃない」と思うこともたびたびでした。

しかし、子どもに一日の生活の規則性やルールを守ることを植えつけたかったのです。

いま考えると、もう少し緩やかでもよかったのかなという思いもあります。

小学校高学年でも夜8時に寝る

結果として、子どもたちの心に規則正しい生活をするための厳しさが根づきました。そのときには「早寝早起き」だけに気をとられていましたが、嬉しいご褒美がありました。**「やらなくてはならないことを守る」ことが習慣化したのです**。

幼いときから「夜8時に寝る」ことが習慣化したので、小学校高学年になっても夜8時に寝ることがわが家では当たり前でした。

その他の宿題やお手伝いなど「やらなくてはならないことを守る」ことに対して怠けたり反抗したりすることもなかったのです。親の見えないところでの手抜きはあったでしょうが……。

わが子たち三人は、「規則を守る」ことを身につけることによって、勉強も疑うことなく「やらなくてはならない」と思っていたようです。

毎朝5時半に起きる
～早起きは一生の宝習慣～

前の項では、「早寝」について取りあげました。「早寝早起き」と言われるように、「早寝」と「早起き」はセットです。この二つが揃ってこそ、規則正しい生活習慣が身につくのです。

よく「子どもは寝たいときに寝て、起きたいときに起きるのが一番いい」と言われます。確かにそのほうが自然な感じもします。

しかし、人は文明のなかで生きています。動物であれば、日の出とともに起き、日の入りとともに寝るのが自然な生活でしょう。

ところが、現代社会は夜でも明々《あかあか》と照明が灯り、テレビやラジオからにぎやかな音が流れつづけています。

そんななかで、「寝たいときに寝る」ことは難しいですし、夜寝るのが遅くなると、早起きをするのも難しくなります。

だからこそ、保育者である親が、「早く寝て、早く起きる」ことを習慣化させなければいけないのです。

起きてすぐの頭は、まだぼんやりとしか働きません。頭が正常に働きはじめるのは、起床してから3時間後と言われています。

仮に小学校の授業が朝8時半から始まるとしたら、朝5時半には起床しないと、一時間目の授業をしっかりと理解することができないということになります。

一日だとたった1時間ですが、一週間で5時間（土日は休みなので）、一か月では20時間、一年では200時間（長期休みがあるので）、高校卒業までの12年間では実に2400時間の差になります。その差は大きいものですね。

赤ちゃんのときも朝5時半起床

子どもが生まれたときに、小学生になったわが子をイメージしていた私は、生まれて2日目から「子どもの起床時間は朝5時半」と決めました。

生まれたての赤ちゃんに起床時間を設けるのは無理だと思われるかもしれませんが、毎朝5時半におっぱいをあげることにしたのです。

もちろん、その後すぐに眠ってしまうことも多いのですが、朝5時半には電気を点け、夏ならカーテンを開けて、「朝が来た」ことを演出しました。

そうすると、何の抵抗もなく、毎朝5時半に起きる習慣ができたのです。幼稚園や保育園に通う頃になると、自分で起き、用意をしてから遊ぶことが習慣になりました。

もし、早起きは「幼稚園に入園してから」「小学校に入学してから」と親が考えているとしたら、その境目の日から習慣化するまでが少々大変かもしれません。

もちろんそれでも構わないのですが、**早ければ早いほど親も子どももラクです。まだお子さんが小さいのなら、今日から早寝早起きをしてみましょう。**

わが子たちはすでに成長して大学生、高校生になっていますが、赤ちゃんのときからの習慣ですから、早寝早起きが身についています。

「早く起きなさい！　いったい、いつになったら起きるの（怒）」

という怒鳴り声は、おかげさまで必要ありませんでした。

大学生になった長男は、朝起きてジョギングか筋トレをして一日が始まるという規則正しい生活をしています。

高校生の娘は、長期休み中は朝6時からのアルバイトにせっせと通っています。私は、布団のなかから、「いってらっしゃい」と言うだけです（笑）。

東大生・京大生は早寝早起き？

小さいときからの生活習慣は、脳と体が覚えてしまいますから、一生ものの習慣です。早寝早起きの習慣はまさに、「一生の宝習慣」になります。

私自身は低血圧でいまだに早起きは苦手です。子育て中の20年間は、体に鞭打って早起きを続けていました。本当につらかったのですが、子どもたちに「一生の宝習慣」を身につけさせてあげられたことに満足しています。

一見「早寝早起き」と「学力」の間には、まったく関係がないように思えますが、そういった生活のひとつひとつと学力はつながっています。

ただし、「早寝早起きをしなければ、学力がつかない」ということではありませんので、誤解しないでください。

生活には、「食育」や「片づけ」や「約束を守る」などたくさんの事柄があります。それらを総合したものが、「学力」と結びついているのです。

だからと言って、私がそれらのすべてを子どもたちに教えることはできませんでした。

だから、できないからといって落ちこむ必要はありません。

自分にできそうなことを重点的にやってみる、自分の苦手なことはできる範囲でやってみるというスタンスで、お母さんがストレスをためないことも必要ですよ!

自分のことは自分でする
～6歳までは親が一緒に、6歳からは自己責任～

子育ての目標として「自立」をあげていらっしゃる親御さんは多いでしょう。もちろん、私もそのひとりです。それでは、「自立」とは何でしょうか?

わが家では、おばあちゃんの家に泊まりに行くとき、3歳からは自分で準備をさせていました。「おばあちゃんの家お泊まりセット」と書いた紙に、シャツやパンツの絵を必要枚数分書いて、それを見ながら準備をさせました。

もちろん子どもですから、時間がかかったり、忘れたりします。そのフォローはさりげなくしていました。

そして、小学生になってからは、すべて自分の責任で学校の用意も勉強道具の補充もさせていました。

小学生では、キャンプに行ったり、イベントに参加することもたくさんありましたが、私が持ち物を用意したことも、チェックしたこともありません。もし忘れ物をしたら、それは自己責任です。

ただし、参加費や書類など忘れると他の方に迷惑がかかるものは、事前に申告をさせて用意していました。

そんな生活を続けると、**「自分のことは自分でする。忘れたら自己責任」という習慣が身につきます。**

わが子たちは、大学入試の書類提出も、入学後のひとり暮らしの用意も、留学の準備もすべて自分ひとりでやり切りました。

だから私は、わが子たちがどんなものを持って大学や留学に行ったのかまったく知りません（笑）。

あえて突きはなす

子どもを「自立した大人」に育てるためには、いつから「自立教育」をすればいいのでしょうか。赤ちゃんに「自立しなさい！」と言っても無理があります。

でも私は、わが子が赤ちゃんのときでさえ、「自立」を意識していました。

たとえば、まだハイハイもできない頃でも、子どもの手が届かない場所にあるお人形やガラガラを取ってあげることは極力しないように気をつけていました。

自分の見えるところにおもちゃがあるのに、手が届かない場合、子どもは何とかして手にしようとするものです。手を思いっきり伸ばしたり、体をよじったりしておもちゃに近づこうとします。

それでもダメだと悟ったときに、泣いて助けを求めるのです。そうやって、助けを求められてから初めておもちゃを取ってあげるようにしていました。

子どもが泣くと、親は焦ってしまいます。

「早く泣きやませなくては」と、子どもの言うなりになってしまいます。

でも、子どもは悲しいから泣くのではなく、まだ上手に会話ができないから泣くことで自分の意思を表現しているのです。

子どもの泣き声を「会話」だと思えれば、子どもを泣きやませるよりも言いたいことを聞いてあげようという気になりませんか。

親の子育ての目標が、「子どもの自立」であるのか、「目の前の子どもを泣かせないこと」であるのかによって、子育ての結果は大きく違ってきます。

しかし、いくら子どもを自立した人間に育てたいからといっても、何もかも幼いときから、自分でやらせていたわけではありません。

着替えにしても、幼稚園や保育園の用意にしても、初めから自分ひとりでできるわけではありませんから。

子どもが幼いときには、次の三つを意識していました。

①なるべく子どもだけでできるように工夫をする（絵に描いておくなど）

②声をかけて、自分ひとりでできるようにサポートをする

③待つ

塾なし自宅学習で中学受験

では、「自分のことは自分でする」ことと「学力」には、どんな関係があるのでしょうか。

東大・京大合格には、計算力や読解力、記憶力などのいわゆる「学力」に加えて、「計画力」「障害にぶつかったときの切り抜け方」「時間の段取り」などが必要です。

勉強をするときには、必ず「計画」を立てなければなりません。塾に通ったり、親がすべてを指示すればその必要もないかもしれませんが、それでは本物の学力は身につかないでしょうし、大学での勉強には歯が立たないでしょう。

わが子たちは小学校から塾に通ったことがほとんどありませんでしたので、自分で計画を立て、実行していました。息子たちは中学受験もしましたが、塾なし自宅学習です。しかし、中学受験は、小学生の息子たちにとって2年間という長い計画でした。

私はサポートとして、子どもと話しあいながら、

①中学受験に適した問題集を用意する

②その問題集のページの横に勉強する予定の日にちを書き入れる

ことをしました。

娘は中学からイギリス留学をしていますが、留学の試験も、イギリスの高校受験ももちろん塾なしです。

きっといろいろな障害もあったでしょう。にもかかわらず、親に頼ることもなく、自分ひとりで切り抜けていきました。

それは、小さいときから「自分のことは自分でする」ことを習慣づけ、できるまで待つということをしつづけてきたからです。私が何でもやってあげる親であったとしたら、大学受験も留学ももっともっと手がかかっていたでしょう。

3歳からのトイレそうじ
～義務であることを教える～

この見出しを見て、びっくりされた方も多いでしょう。

「お手伝いじゃなくて、義務？」

「3歳でトイレそうじなんて無理じゃない？」

「学力とトイレそうじにどんな関係があるの？」

もっともな感想だと思います。

わが家では、3歳から家庭内の仕事をさせていました。それまでもお手伝いはしていましたが、3歳からは仕事として毎日させていました。ここで、あえて仕事としているのは、義務であることを強調したいからです。

きれいが目的ではないトイレそうじ

わが家の子どもたちが3歳から経験した仕事が「トイレそうじ」です。

「3歳ではまだ無理じゃない?」と不思議に思われたかもしれません。

でも、トイレは家のなかで一番小さい部屋です。そうじをする手間もそれほどかかりません。子どもが最初にそうじする部屋としては最適なのです(このアイディアは、『三歳からの便所掃除』(千田夏光/汐文社)からいただきました)。

私がそうじをしていたときは、濡れティッシュタイプのトイレクリーナーを使っていましたが、子どもの3歳の誕生日に、バケツと雑巾に変えました。

そして、雑巾を絞ることから教えました。3歳の子どもにとって、バケツの水と雑巾は遊びです。バケツに手を入れるとバシャバシャと水を散らし、雑巾を振りまわしては大はしゃぎ。

トイレの床は水浸しになり、結局後始末は母である私がすることになります。


しかし、そこは見なかったことにして、黙々と後片づけをしました。

それは**トイレそうじの目的が、「仕事をさせること」だったからです。トイレをきれいにすることではなかったのです**。

そうこうするうちに、水遊びに飽きてきます。最初は喜んでやっていたのに、しばらくすると、いやがるようになったのです。やっぱり面倒くさいのですね。

でも、そこからが親の腕の見せどころです。

トイレそうじの目標は、「仕事を習慣化すること」です。だからここでも優先順位をつけて、トイレをきれいにすることよりも、雑巾を手にすることを最優先にしました。雑巾でトイレの床を少しでも拭き、ブラシで便器のなかを少しでもこすればOKとしました。

決して完璧なトイレそうじではありませんでしたが、「そうじの習慣化」という意味では成功しましたから、よかったのだと思っています。

トイレそうじの習慣化が勉強の習慣につながる

やりたいからやるのではなく、自分の役割だからやりたくなくてもやらなければならないということが大切です。この「やりたくなくても自分の役割だからやらなければならない」ということが、学力につながっているのです。

学力を上げるためには、勉強しなければなりません。

「やりたいから勉強する」「やりたくないから勉強しない」と選択権を子どもに与えてしまうと、なかなか前には進めません。

だから、小学校に入る前から「やりたくなくてもやらなくてはならないことがある」経験を習慣化させておくことで、入学後の勉強も習慣にすることができると考えたのです。

トイレそうじが苦痛でない東大生・京大生

もしお子さんに仕事として何かを毎日させるとしたら、どうぞハードルの低いものにしてあげてください。**目的はあくまでも「習慣化」ですから、長続きしにくいハードルの高すぎるものでは意味がありません。**

途中でやめてしまったら、「習慣化」ができないばかりでなく、「自分はできない人間」というふうに自己肯定感が下がってしまいます。

「無理矢理そうじをさせられたことで、子どもにとって『いやな仕事を無理矢理やらされる』ことがトラウマにならないだろうか」という不安をもつお母さんもいらっしゃるでしょう。

私も当時はそう思っていました。

「いやがる子どもに無理やりトイレそうじをさせることで、仕事に対してマイナスのイメージをもってしまうのではないか？」という不安はありました。

でも、仕事の習慣化が何よりも大切だと思っていましたので、自分を信じてやらせつづけました。

先日、すでに大学生になった子どもに、

「トイレそうじを３歳からやらされて、いやじゃなかった？」

と聞くと、子どもは、

「するのが当たり前と思っていたから、特に不満に思ったことはないよ。おかげでひとり暮らしのいまもトイレそうじが苦痛じゃないので、よかったんじゃない」

と言ってくれたのでホッと胸をなでおろしました。

できる子は欲しいものを自分でゲットする

～親はなるべく与えない～

「お菓子買って」「おもちゃ買って」

子どもの「買って買って攻撃」に困っていらっしゃるお母さんは多いことでしょう。

子どもが赤ちゃんのときには、欲しい「もの」はありません。欲しいのは、おいしいおっぱいとお母さんの笑顔だけです。

でも、だんだん成長して、世の中のことが見えてくると、欲しい「もの」が出てきます。お菓子だったり、ガチャガチャのおもちゃだったり。

親やおばあちゃんが買い与えると、子どももそれは嬉しそうな笑顔を見せてくれます。そうすると、親もおばあちゃんも幸せな気分になります。だから、もっともっと買い与えたくなります。

お菓子やガチャガチャのおもちゃは、たかだか百円か数百円のものだからです。数百円で子どものあふれんばかりの笑顔が見られるのですから、安いものです。

でも、そのあとのことを考えたことがありますか？

さて、**子どもは何を得るのでしょうか？**

そうです、「ものが手に入る達成感」「満足感」です。それを「笑顔」だけで手に入れることができるのです。

子どもが満足して喜んだら、それでよいのでしょうか。それは何か違うとわかってもらえると思います。

同じ満足して喜ぶでも、積み木で大きなお城をつくった、砂場で大きな山をつくったであれば、そんな違和感はないはずです。なぜでしょうか。

できる子は自分でつくりだす

私は子育ての基本として、「生産と消費」という考え方をもっています。「生産と消費」というと、経済の言葉で子育てとは関係ないと思われるかもしれません。

しかし、そうではありません。

「生産は、自分でつくりだすもの」「消費は、与えられるもの」と考えたとき、あなたは自分の子どもに「生産的な子ども（大人）」になってほしいですか？

それとも「消費的な子ども（大人）」ですか？

親であれば、ほとんどの方が前者ではないでしょうか？

「生産と消費」を子育てで言い換えると、「自分でつくりだす」と「与えられたものを受け取るだけ」ということになります。

先ほどの例では、おもちゃやお菓子を買うことは「消費」、積み木や砂場遊びは「生産」です。

親からお菓子やおもちゃなど自分の欲しいものを何でも与えられただけの子どもが、将来大人になって「自分でつくりだす」楽しみを見出せるでしょうか。

たとえば旅行をするとき、昔であれば地図や時刻表を見て、あの場所に行くには、どの列車に乗って、何時間かかるから、何時に出発しなければいけないということを調べていました。とても骨の折れる作業です。でも、自分の「頭と手」を使う、生産的な作業でもありました。

しかしいまでは、そうやって旅の計画を立てる人は少数派でしょう。

インターネットや便利なアプリを使えば、一瞬にして自宅から目的地に着くためのルートや時間が割りだせてしまえるからです。

これは情報を与えられる「消費的な作業」と言えます。一度「消費の便利さ」に慣れてしまうと、もう生産の作業に戻ることはできません。「生産」の大切さを訴えている私でさえ、もう地図アプリや時刻表アプリなしでは、出かけることができないのですから（笑）。

そう考えていくと、**「生産的な大人」に育てるためには、親（やおばあちゃん）がなるべく「与えない」ことが大切だということがおわかりでしょう。**私はそう考えていたので、わが子たちが小さいときから欲しがるものを極力簡単には与えないようにしてきました。

友だちが持っているキャラクターのベルトが欲しいと言えば、ダンボールと色紙とマジックでベルトを手づくりしました。

食べたいお菓子があるときには、一緒に手づくりしました。

そうやって「つくりだす」ことは、生産的な活動でもありますし、親子のコミュニケーションの場にもなります。

わが家では、テレビも見せないようにしていましたが、友だちの家でテレビを見てきたわが子は、ダンボール箱を使って画面の部分をくりぬいた「手作りテレビ」でニュースを演じたり、ドラマを演じたりしていました。

学力も勉強して自分で手に入れる

小学生になっても、「欲しいものを自分で手に入れる」精神は変わらず、欲しいものがあるときには、親にプレゼンをしていかにそれが必要かを説明するようになりました。

そのプレゼンで買ってもらえるときもあれば、買ってもらえないときもありました。親の機嫌で決まる場合も多かったのですが……。

また、欲しいものがあるときでも、「これ、買ってよ」と言うことはありませんでした。その代わりに、「仕事を増やして」と言ってきました。**小学生から給料制で、仕事をした分だけお金を渡していましたら、欲しいものは自分が働いて買うという発想が身についていたのですね。**

長男が「中学受験をしたい」と言いだしたときも同じでした。

私も夫も中学受験は考えていませんでしたので、「なぜ受験をしたいのか」「私立中学に入学したらどうなるのか」を自分なりの解釈でとうとうと述べて説得してきたのです。

そして、受験を許可してからも、「塾へ通う」という発想もなく、自宅で学習をして合格してしまいました。ただこれは、私立中学を受験するという選択肢がほとんどない山口県での話ですから、東京などの都会とは意識が違うかもしれませんね。

しかし、「欲しいものは自分で手に入れる」という習慣をもつと、「学力」でさえ「自分で勉強して手に入れる」という発想につながります。

包丁を持つのは三日に一度
～食育で大切なこと・どうでもいいこと～

現代では、「頭がよくなるには、○○を食べたほうがいい」とか「添加物はよくないから○○は食べないほうがいい」とか、食育に関する情報があふれています。

「いったいどうすればいいの？」と、迷ってしまうお母さんも多いでしょう。

私も「どんな食事をさせたら、頭のいい子どもに育つのですか？」とたびたび聞かれます。

そんなとき、答えに困ってしまいます。実は料理が苦手なのです（笑）。

お菓子づくりは大好きなのですが、なぜか毎日のご飯づくりでは楽しいと思えることがないのです。**運動会のお弁当やおせち料理などは、楽しくがんばってつくるのですが、毎日の朝食や夕食づくりは苦痛でしかありませんでした。**

たった二つの食育ポリシー

私は料理が好きではないし、料理に情熱を傾けるのにストレスを感じるタイプです。だからと言って、何も食べさせないわけにもいかないし、何でも食べさせればいいというわけでもありません。

そのなかで気をつけていたのは、次の二つです。

①冷凍食品、レトルト食品を使わず、手づくりを心がける
②地産地消の材料を使い、なるべく遠方のものは使わない

たった二つですが、このことだけは気にかけていました。前の項でもお伝えした、「生産と消費」の考え方です。

まず、冷凍食品、レトルト食品は「消費的な食べ物」です。お金を出せば手間もかからず、すぐ食べられて便利です。

それに対して「手づくり」は、「生産的な食べ物」ですね。この基準に基づいて、手づくりをしたわけです。

しかし、「全部手づくりの食事なんて、私には無理！　忙しいし、面倒くさいし」と思われるお母さんもいらっしゃるでしょう。

包丁を持つのは三日に一度

料理が苦手な私が選んだとっておきの方法があります。それは、「ルーチン化する」ということです。

「毎日違うものをつくる」ということにストレスを感じていたので、あれこれ考えなくてもいいように、曜日によってメニューを決めていました。「土曜日はお好み焼き」「日曜日は鍋物」というふうに。

もちろん、毎日目新しい料理をつくるのが一番いいのでしょうが、それではストレスになって続かないのが目に見えていましたから、「毎日違うものをつくる」ということは除外しました。

また、子育てで一番忙しかった頃（息子たちは幼稚園児、娘が生まれたばかりの頃）は、毎日包丁を持つことさえストレスでしたから、「包丁を持つのは三日に一度」とルーチン化しました。

つまり、野菜を買ってきたら、すべてその日に切ってしまいます。キャベツは色紙切り、にんじんは短冊切り、たまねぎはくし型切りというふうにあらかじめ切って、ビニール袋に入れて冷蔵庫で保管。その日からの三日間は、冷蔵庫に切ってある野菜を炒めたり、煮たりしておかずをつくるというルールにしました。三日目には「キャベツだけの野菜炒め」になったりもしましたが（笑）。

しかし、そうしているうちに、「段取り」や「計画性」が必要であるということに私自身が気づきました。

「前回はキャベツとニンジンとピーマンだったから、今回は白菜と玉ねぎともやしにしよう」とか「今回は、ほうれん草とアスパラをまとめて茹でてしまおう」というふうに、効率やバランスを考えるようになったのです。

子どもたちの記憶にはきっと残っていないでしょうが、母親である私がそうやって段取りや計画性をもって夕食づくりをしていたことで、きっと何かしらのいい影響があったのだと勝手に思っています。

お母さんがストレスを感じないように

また、「地産地消」については、私なりに考えた結論です。

いまや、世界中の食べ物が日本に運ばれています。テレビで「○○がいい」と放送され

れば、あっという間にスーパーマーケットでその○○が品切れになってしまうという現象も起きています。

でも、その○○（外国の食べ物）は、その国の人々の健康のためにはいいのでしょうが、日本人のわが子たちにも本当にいいのだろうか？と考えたときに、私はうなずくことができなかったのです。

日本には「地産地消」という言葉があるように、地元の食材をその旬に食べるのが一番理にかなっているような気がするのです。

遠洋で取れるまぐろよりも、近海でとれるアジやイワシのほうが日本人の体には合っているはずです。

カルシウムを取るのなら、牛乳よりは小魚のほうが吸収がいいような気がするのです。

また、遠くから燃料を使って運ぶより、地元の食材を摂るほうが効率がいい。旬の野菜は、温室で育てた季節はずれの野菜よりも安くて栄養も豊富です。

これは、現代の食育とは異なる考えかもしれません。また、食育が学力に直接つながっているとは必ずしも思いません。

しかし、このように**「食に関しても自分の筋を通す」**ことが**「子育ての軸」**につながってくるのです。

何よりも大切なのは、「お母さんがストレスを感じないこと。食育に関しても子育ての軸を大事にすること」なのです。

第3章

東大・京大に現役合格する学習習慣

勉強好きかどうかは6歳までに決まる
～頭や手を使う子ほど伸びていく～

小学1年生でも、「勉強って、つまらない」と言う子どももいます。反対に、「勉強って、楽しい」と、習ったばかりのひらがなや数字の練習を黙々とする子どももいます。

小学1年生ですでに勉強に対するイメージがここまで違うのです。学年が進むにつれて、その差は大きくなっていくことは想像できるでしょう。

6歳までに勉強の下地をつくる

実は小学校入学前の6年間の生活次第で、勉強に対するイメージは大きく変わってしまうのです。

勉強というのは頭を使って考え、手を使って文字を書き、学んでいきます。

小学校入学前に頭や手や体をたくさん使って遊んだ子どもは、遊びの延長として勉強を

楽しみます。

しかし現代の生活では、テレビを見て、お母さんのスマホでゲームをして遊び、自分で歩かずにベビーカーや車で移動し、遊園地で乗り物に乗って楽しみます。

こういった生活では、頭や手や体を使わずに楽しむことができます。頭や手や体の代わりに、お金や電池や電気を使っているのです。だから、ラクに楽しむことができます。

生まれてからの6年間で、ラクに楽しむことを覚えてしまうと、小学校に入学したからといって、急に頭を使えるようにはなりません。

本来勉強とは、子どもにとって楽しいことです。自分の知らなかったことを知ることができ、問題が解けたときの達成感を味わうこともできます。

しかし、その前に「面倒くさい」と思ってしまうと、勉強に目が向かなくなります。

だから、わが子に勉強好きになってほしければ、勉強をさせる前に頭や手や体を使った遊びをたくさんさせてあげてほしいのです。

「ラクをして楽しむ」ことよりも、「自分の頭や手を使って何かをつくりあげる」楽しさを味わわせてあげてほしいのです。

あなたのお子さんがすでに小学生で、勉強が面倒くさいと感じているのなら、「ラクに楽しめる」テレビやスマホアプリから距離を置く生活をしてみましょう。

おもちゃを買う代わりに、親子で工作に挑戦してみましょう。

遊園地に行く代わりに、山や海に遊びに行ってみましょう。

そうして「自分の頭や手を使う楽しさ」を知れば、勉強で頭や手を使うことも楽しんでできるようになるでしょう。

いまからでも遅くはありません。家族で頭や手や体を使う生活を楽しんでみてください。

合格は朝の使い方で決まる
～勉強習慣は小学校入学前までに身につける？～

わが家の子どもたちが小学生のときの朝の風景。

朝目覚めたら顔を洗い、「昨日の続きの勉強をしよう」と、朝食前のダイニングテーブルで勉強を始めます。

朝ご飯が用意できたら勉強は終わり。さっさと片づけて、朝食のテーブルを整えます。


「そんなの夢みたい！」

「うちでは絶対に無理！」

そう思われたかもしれません。

でも、決してそんなことはないのです。

多くの小学生は朝起きて、顔を洗って、朝ご飯を食べて、学校へ行きます。

それに「朝勉強する」時間を加えるだけです。1時間も2時間もするわけではありません。10分か20分で十分なのです。

この章では、そんな「うちでもできるかも」「明日からやってみよう」と思ってもらえる方法をお伝えします。

勉強が当たり前になる習慣のつくり方

「学力」をつけるために、一番大事なことは何だと思いますか？

勉強時間をたくさん取ること？

たくさん記憶させること？

テストをたくさん受けること？

もちろん、それらも大切なことかもしれません。

でも、「たくさん」やればいいわけではありません。

あえて、一番大事なことをあげるとすると、「勉強習慣」です。**ご飯を食べるように、歯磨きをするように勉強をすることです**。

ご飯を食べることに疑問をもつ人はあまりいませんよね。

「どうしてご飯を食べなくっちゃいけないの？」

と聞く子どもはあまりいないでしょう。それは、あまりにも当たり前のことなので、疑問をはさむ余地もないからです。

それなのに、「勉強習慣」について重要だとは思っていないお母さんがとても多いのです。お母さんが、「勉強習慣」について少し意識するだけで、お子さんの意識もきっと変わってくるのに……。

習慣化できると東大・京大に近づく

では、「勉強習慣」はいつから身につければいいのでしょうか？

学校で勉強が始まる小学校入学のときからでしょうか？

小学校入学時に、子どもは6歳です。6歳ではすでに脳はほとんど完成しており、生活習慣も身についてきています。そのなかに勉強習慣がない場合、小学校に入学したからといって、いきなり「勉強しなさい！」と言っても、子どもはとまどってしまうでしょう。

特に、それまでの6年間で「消費的生活」を送っていた場合、いきなり勉強に興味を向けるのは困難かもしれません。勉強は「生産的活動」だからです。

すでに「生産的」な生活をしている子どもの場合、学校の授業にも意欲的に取り組みます。授業のなかで自分で問題点を見つけだし、それを解決することが快感だからです。

一方、消費的な生活をしてきた場合、消費の快楽を覚えています。受身的にラクに快楽が得られる習慣がついていると、生産的活動である学校の授業はつまらないものに思えるかもしれません。


もしあなたのお子さんがまだ小学校入学前であるなら、いますぐに「生産の時間」を毎日同じ時間に確保してください。その時間が、将来、勉強時間へと移行していきます。すでに小学校に入学している場合も、いますぐ「毎日の勉強時間」をお子さんと話しあって決めましょう。

何時でもいいのですが、毎日同じ時間帯が望ましいです。そうなると、夕方から夜の時間は難しいかもしれませんね。友だちと遊んだり、習いごとがあったりするからです。また、お母さんが仕事をしている場合、ゆっくり子どもの勉強を見てあげる時間も取れないかもしれません。そのうえ、幼い弟や妹がいるとジャマをされたりするからです。

合格ママは朝の時間を使う

そこで、オススメは「朝の時間」です。親子で少し早起きをして、10分でも20分でもいいので、「毎日の勉強時間」をつくりましょう。

最初は、勉強というよりもコミュニケーションの時間でいいのです。**絵本を読む時間でもいいし、積み木遊びもいいでしょう。字を書くことに興味があるなら、お手紙の時間にしても楽しいですね。親子でなぞなぞ遊びをしたり、ぬり絵も楽しめますね。**

わが家では、朝起きて顔を洗って着替えたら、お母さんと遊べるというルールをつくっていました。

子どもたちは、遊びたい一心で顔を洗い着替えをしていたのだと思います。

すでに小学生であっても、まだ勉強習慣ができていなければ、お母さんとのコミュニケーションタイムと勉強習慣が一度に取れるように工夫をします。

小学生だからといって、紙に向かって問題を解かなければいけないということではありません。

お母さんが教科書やノートを見ながら問題を出して子どもが答えるとか、逆に子どもが問題を出してお母さんが答えるのもいいでしょう。

そうやって「勉強の時間＝お母さんとのコミュニケーションの時間」というイメージ

が子どもの頭のなかにできれば、勉強が嫌いというふうにはならないものなのです。

この「勉強習慣」さえついてしまえば、その後の勉強はラクになります。中学受験や高校受験の場合、その勉強習慣の時間を延ばしていけばいいのですから。

勉強習慣がない場合、ゼロから10をつくっていかなくてはなりません。これは案外大変な苦痛を伴うものです。

でも、1の習慣があれば、それを2や3に延ばし、最終的に10までもっていくのはそれほど大変なことではありません。

大人になって仕事をするようになると、この「勉強習慣」が「仕事のルーチンワーク」の時間になります。どんなに好きな仕事でも、好きなことばかりではないはずです。ルーチンワークを苦痛なく、ラクラクこなせる習慣がついていると、新しい企画を考えたり、新しい取引を始めたりする発展的な仕事に力を注ぐことができます。

「学力」を「勉強のため」だけの力ととらえず、「将来自立して仕事をするための力」として考えると、目先の成績だけにとらわれることがなくなります。

中学受験も高校受験も、大学受験さえも、通過点にすぎないのです。

「親」は「木の上に立って見る」と書きます。字のとおり、親は高い地点から、子どもの未来を見通してあげましょう。

教育熱心なお母さんの落とし穴
～「勉強って楽しそう」という期待～

息子が幼稚園児だったときの参観日のことです。

教室に飾ってある園児たちの絵を見て、私は唖然としました。色とりどりの絵のなかで、わが子の絵だけ奇妙に目立っていたのです。

自分の姿を描いたのでしょうが、頭の下から足が出て、耳の横から手が出ていました。それまで、わが子の絵が上手だとか下手だとか気にしたことはありませんでした。

他の子どもと比べる機会がなかったからです。

しかし、クラスメートの絵が並べて貼ってあると、いやがおうでも隣の絵と比べてしまいます。わが子の絵の下手さ加減に正直なところ焦りました。家でお絵描きの練習をさせたほうがいいのだろうかと悩みました。

息子は家でもほとんどお絵描きをしたことがなく、積み木遊びや工作に夢中でした。

いまならば、「他の子どもと比べることに意味はない」ということがわかりますが、当

時はそんな余裕もなく、はじめて見せつけられた優劣にショックを受けました。

どうしても焦ってしまうのが母親の証《あかし》

私と同じように、多くのお母さんは子どもが赤ちゃんからよちよち歩きの頃は、まだまだ子育てに余裕があります。

しかし、幼稚園や保育園に入る頃から急に余裕がなくなります。それは、「勉強」という文字が見え隠れするようになるからです。幼稚園ではまだランクづけはありませんし、具体的な勉強もありません。

ただ、**お絵描きの上手下手とか、隣の子はひらがなが書けるのにわが子はまだ書こうともしないとか、そういった点で「学力」の芽が見えはじめると、どうしても焦ってしまうものです。**

そのときに、わが子は優れていると漠然とでも思えれば、まだ余裕をもって接することができますが、少しでも劣っているように見える場合、心穏やかではいられません。

また、決して劣ってはいなくても、親が不安に思うと、「転ばぬ先の杖」で、早く勉強を始めたほうがいいのではないかと思いがちです。

私は小学校入学前にたし算やひき算を教えたり、文字を書かせたりする、いわゆる「お勉強」をさせることには賛成できません。決して勉強をさせてはいけないということではありませんが、「勉強」の中身を親が知らないまま無理強いをさせると、あらぬ方向に行ってしまう可能性もあるからです。

「学力」は、決して「記憶力」や「知識」ではありません。

大人は、どうしても「見える部分」しか見ませんから、「知識」がある子どもが「学力」がある子どもだと思いがちです。

3歳で「あいうえお」が読めたり、「かけ算の九九」をそらんじていたりすると、「うちの子、天才かも」と思ってしまうかもしれません。

しかし、**本当の学力とは「思考力」があることです。**

知識があっても、思考力を養うことはできません。

それどころか、知識で思考力をカバーしようとすると、必ず無理が出てきます。中学受験くらいまでなら、知識でカバーもできるかもしれませんが、高校受験や大学受験を突破することはできないでしょう。

「勉強って、楽しそう！」がもっとも大切

前置きが長くなりましたが、ここでは小学校入学前に子どもに身につけさせたいことについてお伝えします。それは、「勉強って、楽しそう！」と、子ども自身が思えることです。

拍子抜けするくらい簡単なことに思えますが、現実には幼稚園時代から、「勉強はイヤ！　勉強ってタイヘン！」と思っている幼児は多いのです。お母さんが熱心すぎて、大量のプリントをやらせたり、幼児塾に無理矢理通わせたりしている場合です。

もちろん、自分から進んでプリントをしたり、喜んで塾に通ったりしている場合はそれでいいのです。

しかし、子どもが本当に喜んで自分から勉強しているかどうかは、なかなかわかるものではありません。

子どもは「親を喜ばせる」ことが喜びだからです。**自分が楽しいかどうかよりも、お母さんが喜んでくれるかどうかのほうが優先される場合も多いのです。**

それならば、幼稚園や保育園の間は、「勉強に期待をもたせる」ことに重点を置きまし

ょう。

「小学校に行って勉強したら、楽しいよ」

「小学校で勉強できるなんて、いいなぁ～」

そんな言葉かけをするだけでも、子どもは「学校」に対してプラスのイメージをもちます。ぐにゃぐにゃの線（字らしきもの）を書いたとき、

「すてきな字が書けたね。小学校に行ったら、もっとたくさん字が書けるようになるよ。よかったね」

と言ってあげるだけで、子どもは「勉強」に対して期待をするでしょう。

そうやって、「勉強に対しての期待」を高めてあげておくと、子どもも「小学校に入学して勉強している自分」に対して明るいイメージをもつでしょう。


私も小学校入学前に、英語の筆記体に憧れてぐにゃぐにゃの線をノートに書き殴っていたら、父に、

「ほ～、英語も書けるのか！　すごいのぉ」

と感心されて、本当の英語が早く書けるようになりたいと、学校へ行くことが楽しみでなりませんでした。

教育熱心なお母さんの落とし穴

実際、息子たちは小学校に入るまで、自分の名前も書けませんでしたが、入学すると鉛筆を持って文字や数字を書くことが楽しくて、毎日の宿題もがんばりました。

「小学生になって勉強をしている自分」が嬉しかったのでしょう。それまでの幼稚園・保育園児時代とは違う環境にいることで自分の成長を感じていたのだと思います。

教育に熱心なお母さんほど、「人よりも早くできること」を目標にしがちです。

しかし、勉強は他人との競争ではありません。あくまでも「自分の目標との戦い」なのです。

他人と比べるのではなく、昨日のわが子と比べて、今日の成長を喜んであげてほしい。

それが、子どもの自己肯定感をアップさせ、明日の意欲へとつながっていくのです。

朝学習で算数クイズに挑戦

～小学校入学前にわが子たちにやってよかったこと～

「12個おまんじゅうをもらって、家族5人で分けて食べたら、ひとり何個ずつでしょうか？」

朝の6時から、わが子たちは喧々諤々《けんけんごうごう》考えます。

「ひとり2個ずつで、2個余るからお父さんとお母さんにあげる」

と言う子もいれば、

「余った2個はじゃんけんで勝った人がもらう」

「余ったのを半分ずつに分けて配ればいいんじゃない？」

「でも、2個を半分ずつにしたのじゃ、4人にしか配れないよ」

この会話で、すでに分数の考え方ができていることに気づきます。

「じゃあ、1個を5個に分けて、小さいのを2つずつにしよう」

「でも、おまんじゅうを5個に分けたら、ぐちゃっとつぶれちゃうよ！」

「包丁で切ればいいじゃないか」

「じゃあ、どうやって同じ大きさで5個に切ればいいの？」

会話は延々と続きます。

最後はケンカになったりもしますが、親子の楽しいコミュニケーションの時間でもあり、算数や論理力を育てるための時間でもありました。

毎朝5時半起床にしていたら東大・京大に合格

これまでもお伝えしましたが、わが家の起床時間は毎朝5時半でした。幼稚園に登園するのは8時半頃でしたから、3時間ほどの時間があったわけです。

そのなかで、「親子のコミュニケーション」「未来の勉強習慣」を意識していました。

また、寝ぼけた頭をエンジン全開にしてから送りだすことに気をつけていました。

「親子のコミュニケーション」は、母親である私だけではなく、主に父親とのコミュニケーションです。

私の夫は仕事で帰りが遅く、夜子どもたちが寝てから帰宅することが普通でした。

だから、**朝の時間は家族揃って朝食を摂ることをルールにしていました。**夫は寝不足なのに、朝早くから起きてよく付きあってくれたものだと、いまさらながら感心します。

特に土日は、朝早くから子どもたちとボードゲームやカードゲームで遊ぶことで、コミュニケーションを取りながら、子どもの思考力を養うためにもがんばってくれました。

平日の朝は、「未来の勉強習慣」を身につけるための「生産的活動の時間」を取ることを日課にしていました。

三人子どもがいると、同じ「勉強」というわけにもいかない場合がほとんどでしたが、三人とも好きだったのは「クイズ」でした。

それも、**ただのクイズではなく、算数的思考の入ったクイズです。**

「勉強と遊びの溝」をつくらない

私は、**「学力の基礎」は算数だと思っています。なぜなら、勉強のなかでもっとも思考力を使うからです。**

理系に育てたいとか数学者にしたいとかは、思ったこともありません。

でも、「算数ができる子は生きる力がある」と信じていましたので、「算数的思考力」を育てることに注力しました。そのための算数クイズです。

私が考えたものもありますが、限界がありますから、本や問題集からネタをちょうだいしていました。

私が問題を出して子どもが答えるというパターンですが、子どもが問題を出して私が答えるという場合もあります。

いずれにしても、子どもたちにとっては勉強の時間ではなく、お母さんとの遊びの時間だったと思っています。幼稚園児の間は、何より「勉強と遊びの溝」をつくらないことが大切なのです。

わが子たちは朝の勉強習慣のおかげで、生活のどんな場面でも論理的に説明するくせがついているようです。それは小学生時代だけでなく、高校生や大学生になったいまでもです。

たとえば、夕ご飯の肉じゃがのにんじんが硬かったときには、

「じゃがいもの火の通りやすさを1としたら、にんじんは約1・5と考えると、にんじんの大きさを3分の2にしないと同時に火を通すことはできないよ」

というカンジです（笑）。

何でも感覚でやってしまう私の欠点をズバリと指摘されたりするので、ちょっと凹んで

しまうこともありました。

子どもの小学校入学を前にしているお母さん、ひらがなや数字を覚えるという「知識」よりも、「思考力」を磨くことを意識してくださいね。

ひらがなを覚えるよりも大事なこと
～幼稚園、小学校時代は語彙を増やす～

先に「ひらがな、数字を覚えるより、思考力を磨きましょう」と述べましたが、では具体的に何をすればいいのでしょうか？

たとえば、「ひらがなを覚える」ことについて考えてみます。

年少のわが子がひらがなを読んだり書いたりしたら、親も嬉しいし、まわりのママ友にも一目置かれるでしょう。

しかし、ひらがなを覚えること自体は「知識」です。小学校に入れば習うことですし、大人になってひらがなを書けるのは当たり前です。

それよりも、ひらがなの仕組みや語彙力《ごいりょく》を伸ばしてあげることが大切です。

東大・京大合格！「言葉集めゲーム」

たとえば、「あ」のつく言葉集めゲームです。

「あり、あひる、あそぶ、あるく、あんこ、あいさつ、あさ、あき、あさくさのり」という感じです。親子で出しあってもいいし、子どもたち同士でゲームにしてもいいでしょう。お母さんがそれらを書きとめて、その後に分類ゲームをします。

①2文字、3文字、4文字の言葉に分ける
②物の名前とそうでないものとに分ける
③動詞とそうでないものとに分ける

など、いろいろな分け方ができることがわかります。

この分ける（分類する）作業は、実は算数的な論理力です。この分類ゲームは言葉遊びだけでなく、生活のなかのいろいろな場面で使えます。

また、集めた「あ」のつく言葉のなかで、漢字に直せる言葉は、漢字でも書いてあげます。「あり」と「蟻」は同じであること、同じなのに文字数が違うことに気づいたらしめたものです。ひらがなは音声上の数と文字数が同じ「表音文字」、漢字は音声上の数が文字数より少ない（または同じ場合も）「表意文字」であることを身をもって知ることができます。

親が教える必要はありません。あくまでも遊びをとおして、子ども自身が気づくことが大事です。

お母さんの字はお守りになる

そして、**お母さんが書いた字を子どもが目にすることが大切なのです。お母さんが書いた字は、子どもにとっては大切な「お母さんの愛情」なのです。**これも親子のコミュニケーションのひとつになります。

小学校の教科書に書く子どもの名前はぜひ、お母さんが書いてあげてくださいね。小学校へは子どもひとりで登校し、お母さんのいないなかで半日を過ごします。授業でわからないところがあるかもしれません。いやなことがあるかもしれません。

そのときに、「お母さんの字」を見るだけで、子どもは勇気づけられ、癒されもするのです。子どもが学校へ行くときの「お守り」になるのです。

それに気づかせてくれたのは、末の娘です。

自分でできることは何でも自分でさせるという方針でしたので、中学生になったときに自分で教科書に名前を書くよう促すと、「お母さんが書いて。学校で教科書の名前を見たときにお母さんを思い出すから」と言われて、ハッとしました。

息子たちは中学から全寮制の学校に通っていましたから、私が教科書に名前を書くことはできませんでした。

荷物を郵送したときに添えたメモ「がんばっているね。応援しているよ。母」を、寮の個室の机の前に貼っているのを見たとき、胸が熱くなりました。手書き文字の力を感じた瞬間です。

数字は数えながら覚える

ひらがなと同じように、覚えさせることの代表が「数字」です。

数字もそれ自体は単なる「知識」です。**数字を覚えさせることよりも、数字を使って何ができるのかが大切なのです。**

そして、数字よりも大切なのが「数の概念」です。

大人は「1は少ない、10は多い、100はとても多い」ということが経験的にわかっています。

しかし、人生経験の少ない子どもにはわかっていない場合が多いのです。だから、数字を覚えさせるよりも前に、「物の数を数える」体験をたくさんさせてあげてください。

イチゴやミニトマトのパック売りを買ってきたときに、中身を出して数えるとか、お土産の温泉まんじゅうの数を数えるとか、生活のなかで数える場面はいくらでもあります。大きさも形も違うものを数えているうちに、「多い、少ない」の概念や、りんごとみかんは違うものなのに1個は1個なのだということが経験としてわかってきます。

この「経験として」ということが、後々になって役立ってくるのです。**経験の伴わない「知識」は、実体を伴っていないので、思考力を育てることができません。**

どうか小学校入学前は、お母さんが、お子さんの「遊びながら学ぶ」体験的学習に付きあってあげてください。結果が出るのは10年後ですが、必ず実を結ぶと信じてくださいね。

見守るママと見張るママ

～「勉強はリビングで」は本当？～

よく、「東大生は小学生時代、リビング（ダイニング）で勉強していた」と言われますが、本当でしょうか？

これは本当です。わが家の東大生・京大生はずっとダイニングで勉強していました。小学生時代だけでなく、中学生・高校生でもそうでした。というのも、子ども用の個室がなかったからです。

ただ、息子たちは全寮制の中学・高校に通っていましたので、家にいるのは夏休みなどの長期休暇のときだけでしたから、参考にならないかもしれません。

娘は、中学3年生の終わりに留学するまでリビングで勉強していました。中学生から個室を与えましたが、ベッドはあっても勉強机はリビングにあったので、結局自分の個室で勉強したことはありません。

合格ママは見守る

子どもの勉強時間（特に小学生）は、親子のコミュニケーションの時間です。親としては、個室で子どもひとりで勉強したほうが落ちついて勉強できると思うかもしれません。ときどき、ジュースやケーキをお盆にのせて運んであげるイメージでしょうか（笑）。**でも実際は、子どもはひとりになると落ちつかないのです。お母さんに見守ってもらえるなかで勉強することが一番落ちつくのです。**

ただし、「見守る」が「見張る」になると話は別です。

「そこ、間違ってる！」

「字が汚い（怒）」

と、できないところばかりを指摘していると、子どもは逃げたくなるでしょう。

そうならないように、「見守る」姿勢が大切です。

リビング学習がベストなこれだけの理由

では、なぜリビング（ダイニング）テーブルで勉強することがいいのでしょうか？

まず第一は、お母さんに見守ってもらえるからですね。その他にも利点があります。

それは、「時間になったら、片づけなくてはならない」からです。

人は時間制限があれば、それに間に合わせようとして自然に頭の回転も速くなるのです。ちょうど、お母さんが出かける支度をするのに、いつもは一時間かかるのに、電車の時間や待ち合わせの時間に遅れそうなときは、15分で準備ができてしまうような感覚ですね。

そして、**段取りがリアルにイメージできることもあります。**

お母さんが夕食の支度をしていて、野菜を切っているうちはまだ大丈夫。ジュージューと音がして、いい匂いがしてきたら、そろそろ片づける時間が近づいてきたということが、五感でわかります。それが、段取り力を磨くことにも役立ちます。

また、お父さんが帰ってきたら、勉強をやめなくてはならないからそれまでに終わらせようとか、お父さんは今日は飲み会だからゆっくり勉強していても大丈夫とか、そんな段取りもできるようになります。

そして、**ダイニングやリビングのテーブルは、本やノートを出しっぱなしというわけにはいきませんから、片づけの習慣もつきます。そうやってリセットをするからこそ、勉強のけじめがつけられるのです。**

勉強道具の保管が決め手

ダイニングやリビングで子どもに勉強させようと思ったとき、気をつけなくてはならないことがあります。

勉強道具の保管場所を同じダイニングやリビングにつくるということです。

よく子ども部屋に勉強机があって、そこから本やノートをリビングまで持ってきて勉強するというご家庭もあります。

しかし、勉強が終わったあと、また子ども部屋まで道具を運ばなくてはなりません。これはちょっとしたことですが、面倒くさいのです。ついつい、リビングに置きっぱなしということになります。そうすると、

「片づけなさい！」

「いま、片づけようとしてたところなのに！」

という親子バトルが始まってしまいますから、そうならないように最初から勉強道具の保管場所をつくってあげましょう。

ちなみにわが家の場合、ダイニングの出窓に教科書や参考書が積まれる無残な結果になりました。

地獄の漢字練習？
～きれいに書くことにこだわらない～

鉛筆を持って椅子に座り、じっと動かない次男。

夕方遊び疲れて帰宅し、夕ご飯の前に宿題の漢字ドリルを済ませようとしてもちっとも進みません。いやでいやで仕方がないのです。

それでも、夕ご飯が出来上がる直前に意を決して、ノートになぐり書きで済ませました。

そのノートの文字を見て唖然。ノートのマス目からははみ出し、ハネもハライもなく、とても漢字の練習ノートには見えません。

「はい、できた！」

宿題の重圧から逃れ、晴れ晴れとした顔。

「はい、がんばって終わらせたね。じゃあ、ご飯にしよう」

何事もなかったかのように家族で夕ご飯を食べますが、私の心のなかでは葛藤がありました。

「せめて先生が読める字に書き直させたほうがよいのではないか」

「字を書くのが苦痛で仕方がないのに宿題をやりとげたのだから、字の丁寧さには目をつぶったままでよいのではないか」

悩んだ末に、私は何も言わないほうを選びました。

先生とは違う基準でわが子を見る

小学校に入ると、宿題が出されます。

代表的なのが「漢字ドリル」と「計算ドリル」です。どちらも大事なことです。大事なことなのですが、子どもの性格や得意不得意によっては、苦痛に感じる場合もあるでしょう。もちろん、どちらもきれいな字で丁寧にやるのがいいに決まっています。

でも、**苦手なことを延々とさせられるのが苦痛で勉強そのものまでいやになったとしたら、逆効果です**。

わが家の三人の子どもは、同じ「漢字ドリル」の宿題が出ても、負担感は三者三様でした。

長男は、何の苦もなくさっさと終わらせて遊びに行っていました。

次男は、いやでいやで仕方がなく、ギリギリになってやっつけるという感じ。だから、読むのもひと苦労なミミズのような汚い字でノートを埋めていました。

字を書くことが大好きな娘は、「先生に見せるための美しい字」を嬉々としてノートに書いていました。

「きれいな字を書く」ことにこだわる先生もいらっしゃいます。

でも、きれいな字が書けない子はどうしても書けないのです。そんな子どもにきれいな字を書くよう強要しても苦痛を与えるだけ。

もちろん、先生はクラスの全員に同じ宿題を出さなければならないし、きれいな字を書くことが目標であれば、指導が厳しくなっても仕方ありません。

だからせめて、お母さんだけは学校の先生とは違う基準でわが子を見てあげましょう。

私は「宿題をやる意味」と「宿題を済ませることの重圧」を天秤にかけて、子どもに合わせて基準を変えていました。

もしわが子が漢字を覚えていないのなら、「漢字を覚えているかどうか」を基準にしたほうがよいでしょう。

もうすでに覚えていて、書くことが苦痛で苦しんでいるのなら、早く終わらせることを認めてあげてもいいのです。

字のきれい・汚いにこだわらない

ハネ、トメなど厳しくチェックされると、全滅の場合もあるでしょう。やり直しになってしまう場合もあるかもしれません。

しかし、それはある意味子ども自身が選んでいることです。子どもがやり直しをすればいいことですから、子どもに任せましょう。

そのうち、「一度で丁寧に書いたほうがトク」と学ぶかもしれませんし、わが子のように「汚い字でも、今日は見逃してくれるかもしれない」と毎回撃沈されるかもしれません(笑)。

実際、息子たちは大学生のいまでもヒドイ字です。「これが東大生や京大生の字?」とあきれるくらいです。でも少なくとも、大学入試には影響はなかったようです。

娘は書道8段ですから、とてもきれいな字を書きますが、普段のノートの字は乱雑です。

娘は、こう言います。

「いつも書道のようなきれいな字を書いていたら、疲れるしスピードが追いつかない」

学校に提出する漢字ノートや書類は丁寧な字、友だちに出す手紙はかわいい丸い文字、自分用のノートは乱雑でも早く書ける字と使い分けているようですから、それができれば一番いいのかもしれません。

実は、私自身字が汚いことがずっとコンプレックスでしたから、できないものはできないと諦めています。

そして、不思議と字が汚いことで不利益を被った経験がないので、「字が汚くても平気」と心の奥底では思っているのでしょう。

特に男の子は、字が汚い場合が多いように思います。

お母さんの字がきれいな場合、頭にくるかもしれません。子どもが怠けていて、わざと乱雑に書いているように感じるかもしれません。

しかし、そうではなく自分がイメージしたように手が動かない場合もありますし、そもそも字を見ている時点で字がきれいな人とは違うふうに見えている可能性もあります。

字の上手下手はその子のすべてではありません。ほんの一部です。ほんの一部の欠点で、子どものすべてを否定してしまうことがないようにしましょう。

字の汚い子は算数ができる

なぜ、私が「汚い字」について否定をしないかというと、「あなたの字は汚い」と指摘することで、子どもの自己肯定感が下がってしまうからです。

親は「字を丁寧に書いてほしい」という思いで注意するのですが、聞いている子どもには、そのようには聞こえません。

「字の汚いあなたはダメな子」と、聞こえているかもしれないのです。

子どもの能力を伸ばすためには、いいところに注目することが大事です。

だから、私は息子たちの字を見るたびに、「字が汚い子は算数ができる！」と思うようにしています。

そう思えば、乱雑な字でも許せるような気がするので不思議です。実際に観察してみると、理系の人にはきれいな字を書く人が少ないような気がします。

計算力の鍛え方

東大・京大合格！
～計算を早くする必要はない～

息子が小学4年生のとき、わり算の筆算のドリルが学校の宿題で出ました。

宿題が終わったノートを見ると、答えだけが書いてあります。筆算の計算の過程がありません。

「どうやって計算したの？」と聞いてみると、「暗算でやった」ということ。

本人が言うには、あまりのないわり算だったらわられる数の1の位を見れば、答えの1の位はわかる。わられる数の100の位と10の位を見れば、答えの10の位はわかる、と平然としています。

当てずっぽうで書いたわけではなさそうだし、電卓で計算したのでもなさそうなので、そのまま提出させました。

案の定翌日、全問やり直しになりましたが（笑）。

「算数の基礎は計算力」と言われます。私はこの考えには反対です。計算力はあくまでも付属品で、「算数の基礎は思考力」だと思っています。

先ほどの例で言えば、息子は思考力で計算をしていたのです。

また、イギリスに高校留学している娘に聞いたところ、数学は授業もテストも電卓持参だそうです。電卓にできることはやらせて、計算の時間を論理的に思考することに使うことが大事だと教えられているそうです。

ちなみに、化学の試験では、「イオン表」が全員に配られるので、イオンの順番を覚える必要はないそうです。

でも、自分の考えや新しいアイディアを英語で書かなければならないので、化学が得意な娘も日本のテストとは異なる出題方式に四苦八苦しているようです。

早い計算力よりも正確な計算力

日本では、昔から「読み書きそろばん」と言われるように、漢字や計算をくり返し練習することで定着させ、それらを「学力の基礎」としていました。

しかし、現代では、コンピュータや電卓がしてくれます。

大切なのは、計算力ではなく、「なぜ、その計算式になったのか？　他にもっと適切なやり方があるのではないか？」と考えることです。

そこを親が勘違いして、計算だけを早くさせて安心していては、これからの時代の学力にはついていけないでしょう。

だからといって、計算力がなくていいというわけではありません。

いくら思考力があって立派な式を立てられても、計算力がなく、計算間違いで答えが出なかったら台なしだからです。「正確な計算力」こそが、思考力を支える武器になるのです。

そして、**思考力を鍛えて頭の回転が速い子になれば、計算も自ずから早くなります。だから、親が指導すべきは、「早い計算力」ではなく「正確な計算力」なのです。**

よく、「テストのときには間違えないようによく考えて問題を解き、あとで見直しをしなさい」と言われます。

しかしそうすると、「あとで見直しをすればいいや」という気持ちになるので、間違えてしまう可能性がかえって増えます。

それよりも、**「計算は一回きり。絶対に間違えない」という気持ちで計算をすれば、間**

違いは圧倒的に減ります。

実際私は、子どもたちが小学生のときには、「テストで見直しはしなくていいから、一度で正解するように問題を解いたほうがいいよ」とアドバイスしていました。

計算間違いをする子も京大に受かる

計算ドリルでもテストでも同じですが、もし子どもが間違ってしまったときの親の言葉かけが、その後の計算力にも影響します。

「ほら、また間違っているでしょう。もっと落ちついて計算しなさい!」

と言ってしまいがちですが、これは逆効果です。

計算を間違えたときには、

「今日はたまたま間違えたのね。大丈夫! 次はきっとできるよ!」

と声をかけてあげましょう。

そして、**お母さんはできていない部分ではなく、できている部分を見てほめてあげましょう。**そのくり返しで子どもは、「自分は計算ができる。自分はできる。自分は何でもできる」と、どんどん自己肯定感をあげていくのです。

ちなみに次男は、高校の数学のテストでは必ず3割は計算間違いで点を落としていたそ

うです。

それでも、京都大学理学部に現役で合格しましたから、やはり計算力はあくまでも付属品なのです。

小学校の宿題をやらないわが子（涙）
～勉強は親子のコミュニケーションタイム～

宿題を喜んでやっているという小学生は、きっと少数派でしょう。ほとんどの子どもはいやいややっている、または仕方なくやらされています。

これは、宿題そのものの内容にも問題があるように思いますが、それを嘆いていても始まりません。

宿題だけではなく、世の中には「いやだけれど、やらなければならないこと」が山ほどあります。やりたいことだけをやって生きていける人はほとんどいないでしょう。

たとえば私の場合、仕事もしていますし、子育てもしていましたし、主婦もしています。すべてがやりたいことばかりではありません。

食育のページでもお伝えしましたが、毎日の夕ご飯づくりは、「いやな家事ベスト1」でした。「おいしいご飯は家族の基本だから」とか、「栄養を考えた食育は子育ての大事な要素だから」と言われても、「はいはい、よくわかっていますけど、いやなものはいやなんです！」と反論したくなるほどいやでした。

しかし、つくらないわけにもいきません。夕ご飯をつくっているとき、子どもがキッチンに来て、「今日の夕ご飯はハンバーグね！　嬉しい！」と言ってくれたりすると、途端につくる気力が沸いてきたりもしました（笑）。


これは、よく考えると「親子のコミュニケーション」の効果なのです。ひとりで孤独にご飯づくりをするよりも、親子で会話をしながらのほうが、何倍も楽しいし、おいしくつくれました。

私の場合は、夕ご飯づくりでしたが、あなたにも苦手な家事や仕事がきっとひとつはあるでしょう。

宿題をやる気にさせる魔法のひと言

宿題も同じことです。

宿題自体はおもしろくもなく、いやな勉強の部類かもしれませんが、親子のコミュニケーションタイムと考えると、子どもも親も楽しくなります。学校から帰ったお子さんに、

「宿題は何？」と聞くときからコミュニケーションは始まります。

お母さんが心のなかで「どうせぐずぐずしてなかなか宿題をしないのだから（イライラ）」と思いながら聞くと、言葉にトゲが生えます。

子どもはそれを敏感に察知しますから、「お母さんがコワい声で聞いてくる宿題はおもしろくないもの」と無意識に思いこんでしまいます。

それよりも、「今日の宿題はなぁ～に？　お母さん、楽しみだなぁ（笑顔）」と聞いてあげてください。それだけで子どもは、ワクワクします。

さらに、「見せて見せて～。お母さんも一緒にやっていい？（笑顔）」と言ってあげると、子どもは「宿題はお母さんと一緒にする楽しいこと」と思うでしょう。

そして、**実際に隣に座って見てあげてください。親子で競争するのもいいでしょう。そうやって、「勉強」を「お母さんと一緒に楽しんだイメージ」とひとまとめにして記憶すると、「勉強＝楽しい」というイメージが心のなかでできあがります。**

理想なのは小学1年生から始めるのが一番ですが、すでにお子さんが小学1年生を過ぎていても大丈夫です！　何年生からでも大丈夫ですよ。**何年生になっても、子どもはお母さんと一緒に何かをするのが大好きなのですから。**

わが家では、息子たちと小学6年生まで一緒に勉強しました。

二人とも中学受験を塾なしでしましたから、自宅で勉強するときにはできるだけ隣に座るようにしていました。

中学生・高校生になっても、自宅で勉強しているときには、「ふ〜ん、こんなにムズカシイことをやってるんだ〜。お母さんにはわからないけど、スゴイことやってるんだね〜」と、問題集やノートを覗きこんだりしていました。

息子たちは、「何だよ〜、見るなよ〜」と口では言っていましたが、嬉しそうでしたよ。

娘は中学まで家にいましたから、テスト前などに隣に座るようにしていました。そうすると、「お母さんが隣にいると、ワタシ勉強をやる気が出るの！」と張り切って勉強していました。

「わが家ではあり得ない！」と思われるお母さんもいらっしゃるかもしれませんが、**「勉強の間違いや欠点は見ない、いいところだけを見る」と心に決めておけば、必ず子どもは喜びます**。

ただし、間違った問題を指摘しないためには、親の強い心が必要です。

学力を鍛えるには先取りより深取り
〜プラスアルファの勉強習慣〜

「なーんだ、小学生時代はそんなに勉強しなくてもいいんだ。宿題さえやらせておけば、あとは『勉強って、楽しそう』と思わせればいいんだから、これなら私にもできそう」

ここまで読んで、そう感じられたかもしれません。もしくは、

「そんな簡単なことで東大や京大に合格するわけがない！　何か隠しているのでは？」

と疑問に思ったかもしれません。

宿題はノルマ、効率よく早く終わらせる

小学校時代の勉強や勉強習慣は、何より大事です。その勉強が、その後の高校受験や大学受験につながっていきます。

ただし、闇雲にたくさんのプリントをやらせたり、大量の暗記をさせたりすることとは違います。

そこを間違えると、子どもは勉強嫌いになってしまい、「勉強とはいやなもの、つらいもの」というイメージをもってしまいます。

そんなイメージを一度でももってしまうと、それを変えるのは難しいのです。

では、どんな勉強をすればいいのかを考えてみましょう。

わが子たちにさせていた勉強は、ズバリ「深取《ふかど》り学習《がくしゅう》」です。

聞き慣れない言葉だと思います。はい、私がつくった言葉ですから、初めて聞かれたとしても無理もないです。

よく「先取り学習」という言葉は聞かれると思います。学校の授業よりも早く進むということですね。小学1年生なのにかけ算ができるとか、小学2年生なのにもうわり算の筆算ができるとかです。

一見、スゴイことのように思えますが、これらは単なる知識です。その学年になれば、学校で習い、誰でもマスターすることです。

中学受験をするならば、早くにマスターしておく必要があるかもしれませんが、先取りをしているから安心していいということではありません。

それよりも、**学校の授業では習わないことを深く追求する勉強をプラスアルファとして学ばせるのです。**

深く追求する勉強とは、「いまかけ算の勉強をしているから、かけ算の問題」ということではなく、「思考力」を使わないと解けないような問題です。一見すると、とんち問題のようななぞなぞのようなクイズのような感じですが、数学的なひらめきがないと答えが出ない問題です。

いまでは、そういった問題集もたくさん販売されています。たとえば、『算数脳パズルなぞぺー』（高濱正伸、草思社）、『算数が好きになるパズルろじか〜る』（算数パズル開発室、世界文化社）はおすすめです。

私は、この深取り学習をメインの勉強だととらえていました。

宿題はノルマのようなものです。いかに効率よく時間をかけずに済ませるかが大切だと子どもにも思わせていました。

深取り学習の効果は東大・京大受験で現れる

具体的には、**学校から帰宅して夕方か夜に宿題をし、朝学習の時間を「深取り学習」の時間にあてていました。**

でも、深取り学習は、子どもたちにはクイズやパズルのようなものですから、夜の時間でも宿題が終わったあとに嬉々としてやっていましたね。

この「深取り学習」のいいところは、学校の授業とは関係ないことをするので、授業は新鮮に受けられるということです。

先取り学習をしているお子さんは授業中に、「それ、もう知っている！」と言って、まじめに授業を受けないという話をよく聞きます。

確かに、すでに知っていることをもう一度まじめに学ぶのは、小学生にはつらいかもしれません。

でも、深取り学習なら、授業とは関係ないことを学ぶので、そんなことは起こりません。

実際は、深取り学習のなかですでに学んだことが授業に出てきたりしますが、切り口が違うので、授業が新鮮なのは間違いありません。

そして、実際にこの深取り学習の効果が見えてくるのは、中学生以降かもしれません。

高校以降の大学受験を見据えた学習のなかで成果が出るのは確実です。

小学生のうちからそのような勉強をするのは、かなり先の種まきとなりますから、親子ともども「何でこんなことをしなくちゃいけないの？」と疑問に思うかもしれません。

親が不安に思っていると、それは子どもに伝わります。

どうか、小学生のお母さんお父さん、子どもの未来を信じて、十年後の種まきをいまからしておきましょう。

おもちゃが受かる大学を左右する
～生産のおもちゃ、消費のおもちゃ～

おじいちゃんやおばあちゃんにもらったおもちゃで楽しそうに遊んでいるわが子を見て、私はなぜだかいつもイライラしていました。

会うたびにおもちゃを買ってきてくれるおじいちゃんおばあちゃんは、目を細めて孫が遊ぶ姿を見ています。

ありがたいはずなのにイライラする自分は、心が狭い人間なのだろうかと自分を責めたりもしました。

でも、おもちゃで埋め尽くされていく部屋を見ていると、我慢ができませんでした。

「おもちゃはもうたくさんありますから結構です」とやんわり断っても、「子どもは遊ぶのが仕事だから」と言われてしまうと、言いかえすこともできませんでした。

「遊ぶことが仕事」は本当？

子どもは、「遊ぶことが仕事」と言われます。

これは本当でしょうか。おじいちゃんおばあちゃんなど年配の方が言われることが多いように思います。

お母さんは、子どもに勉強させたいのに、「そんなに小さいうちから勉強をさせたらかわいそう。元気に遊ばせなさい」とおじいちゃんおばあちゃんから言われると、困ってしまいますね。

さて、本当に子どもは「遊ぶことが仕事」なのでしょうか？
現代では半分は当たっていますが、もう半分は当てはまりません。

おじいちゃんおばあちゃんが子どもの時代には、おもちゃを買ってもらう機会はそれほどなかったでしょう。その代わりに自分で工夫をして、おもちゃや遊びをつくりだしていたはずです。

私の父から聞いた話です。山奥の田舎で育った父は、おもちゃを買ってもらったことなどなかった。その代わりに5歳のときには小刀を与えられ、山で木の枝や草を切っては、自分で鉄砲や車や楽器をつくって遊んでいたそうです。

これを第2章で書いた「生産と消費」の話に当てはめると、「生産の遊び」と言えます。自分で工夫しておもちゃや遊びをつくりだす。言い換えると、「生産」のキーワードは「頭・手・体を使う」ことです。

それでは、現代の子どもたちの遊びはどうでしょうか?

誕生日やクリスマスにはおもちゃ屋さんで好きなおもちゃを買ってもらえ、おじいちゃんおばあちゃんからのプレゼントもあるでしょう。お父さんがお土産に買ってくるおもちゃもあるかもしれませんね。外食をすれば、おもちゃがおまけに付いてくることもあります。

これだけでも、現代では「おもちゃの数」が昔より圧倒的に多いことがわかります。そのおもちゃの多くは、電池が入っていたり、電気で動くようになっていたりします。そして、鮮やかなプラスチックでできているおもちゃが多いのです。

「電池・電気」で動くおもちゃは、「消費のおもちゃ」です。

自分で工夫しなくてもスイッチを入れれば、賑やかな音とともに自分で動いてくれます。一見楽しく遊べるように思いますが、**実は自分の手や頭を使わないおもちゃは、すぐに飽**

きてしまいます。

つまり、昔は「子どもは遊ぶことが仕事」でよかったのです。遊べば遊ぶほど、頭を使い手を使い、体を使うわけですから、どんどん能力が伸びていきます。おじいちゃんおばあちゃんは自分のそんな経験があるので、「子どもは遊ぶことが仕事」と言うのでしょう。

しかし、現代では当てはまりません。「消費のおもちゃ」は受け身ですから、自分で何かを生産するよりもラクに楽しめます。いざ生産をする場面になると、何をどうすればいいのかわからないということにもなりかねません。

東大・京大に受かる子のおもちゃの選び方

そして、**小学校に入ってからの「勉強」は、「生産の活動」です。赤ちゃんの頃から「消費の楽しさ」に慣れてしまった子どもは、「生産の活動」である「勉強」を面倒くさいと感じることでしょう。そうならないためにも、現代では「おもちゃを選ぶ」ことが親の大事な役目なのです。**

現代でも「生産のおもちゃ」はもちろんあります。

しかし、「消費のおもちゃ」が圧倒的に多いですから、「生産のおもちゃ」を探しだすのはひと苦労です。

もしあなたが「たかだか子どもの遊びのおもちゃだから」という考えでしたら、「生産のおもちゃ」を探すことは面倒くさく感じるでしょう。

でも、「いつも遊ぶおもちゃが将来の学力をつくる」という事実があるとしたらどうですか。

もっと極端に言うと、「幼稚園・保育園・小学校で遊んだおもちゃでその子がどの大学に入学できるかが決まる」と言われたら、おもちゃ選びも真剣になるのではないでしょうか？

これはもちろん誇張した表現ですから、すべての子どもに当てはまるわけではありません。

しかし、当たらずとも遠からずです。**将来、学力のある子どもに育てたいと思うのであれば、いま遊んでいるおもちゃを見直してみましょう。**

まずはおもちゃを「生産か消費か」で仕分けをしてみてください。

もし、**消費のおもちゃが多いと感じたら、どうぞ次に買うおもちゃからは、親がまず**

「生産のおもちゃ」をいくつか選んで、そのなかから子どもに選ばせてあげましょう。

お子さんがまだ小さい場合は、親御さんが選んだおもちゃで遊ばせるのがいいでしょう。

わが家は、おもちゃ屋さんに行ったことがありません。

それは、消費のおもちゃがあふれていると感じたからです。そのなかで、子ども自身が生産のおもちゃを選ぶことは不可能に近いと思ったからです。基本的には、私が選んだおもちゃをプレゼントしていました。

「生産のおもちゃ」の代表は、積み木です。私は、積み木だけ子どもに与えればそれで十分だと思っています。その積み木に何を組み合わせるかは、子どもの工夫次第です。それが子どもの能力を伸ばすことにつながります。

おもちゃはないほうがいい？
～学力をつけるおもちゃナンバーワンは積み木～

現代の子どもは、昔に比べて体験する機会が減っています。まわりに自然も少なくなっていますし、事件や事故が怖くてひとりで外には出せないからです。

すると、必然的に昔の子どもに比べて現代の子どもは体験が少ないということになります。また、便利なグッズがあふれていますので、便利さに慣れています。

最近では電車に乗るときにはカードを使うことが普通ですから、きっと切符の買い方がわからない子どもが大多数でしょう。

さらに、想像力や経験の低下も著しいと言われています。テレビやスマホの動画を見ることで、想像力が奪われていくのです。

幼稚園や保育園ではクリスマスにはサンタクロースが、節分には鬼がやってきます。もともとは園児たちが想像するしかなかったサンタクロースや鬼が、実物の姿で目の前に現れるのです。そうすると、子どもたちは想像する必要がなくなります。

小刀で鉛筆を削ったり、木登りをしたりすることも、危ないからという理由で禁止されてしまうことが多いでしょう。

東大生・京大生がハマった積み木遊び

そんな**経験不足や想像力不足を補ってくれるのが、おもちゃなのです**。

たとえば、積み木でお城をつくることで、大工さんになったり、お姫様になったりすることができます。

それは疑似体験にすぎませんが、想像のなかで体験したことは、実際の体験に近い感覚で身につけることができるでしょう。

いまの時代、最高のおもちゃは、白木の積み木です。

赤ちゃんのときはなめて遊ぶ、お座りができるようになったら積んでは崩して遊ぶ、幼稚園児になったら意味のある形（お城とか車とか）をつくって遊ぶ、小学生ならダイナミックな造形をつくる、または仕かけ遊びをするなど、長く遊べるおもちゃです。

もちろん、何通りにも遊び方はあります。

道路と線路をつくってミニカーや電車を走らせることもできるし、かわいい部屋にベッドやテーブルをつくって、おままごとやお人形遊びもできます。

そうやって、想像力を使いながら疑似体験をすることができます。

わが子たちも積み木遊びが大好きでした。わざと不安定な積み方をしたり、自分のまわりに大きな柵をつくって陣地にしたり、自分たちで新しい遊びをつくりだしては楽しんでいました。

積み木で算数力がアップする

また、それだけではありません。将来の算数の力を養うことができるのです。

算数というと「数字」とか「たし算」とか、数字が入ったものと思いがちですが、実はそうではありません。

一番大事なのは「算数的な思考力」です。論理的な考え方とも言えます。

積み木はつくってみればわかるのですが、大きな造形のときには、最初の土台から、論理的につくらなければできません。適当に積み重ねただけでは大きくなる前に崩れてしまうからです。大きな造形をつくるためには、大きな土台をつくらなければなりません。

しかし、土台にすべての積み木を使ってしまったら、上に重ねられなくなります。

そうならないために、最初に目算をして、造形の大きさを決めなくてはならないのです。

こんなところで、子どもの思考力は鍛えられていきます。

積み木遊びで使う思考力は、算数に通じるものがあるのです。子どもの将来の学力のことを考えるなら、おもちゃに積み木をぜひ取り入れてください。

第4章

算数・国語・理科・社会・英語アドバイス

算数

あなたのお子さんは、次の3つのどのタイプですか。

A「算数が大好き。問題が難しければ難しいほど燃えるタイプ」

B「算数はあまり好きじゃない。計算ドリルならコツコツできるけれど、文章題になると詰まってしまう」

C「算数が大嫌い。見るのもいや」

もちろん親であれば、算数が大好きになってほしいと思っているでしょう。しかし、子どもは、必ずしもそうではないところが悩みどころです。

算数が苦手なお子さんは多いのですが、ひと口に「苦手」と言ってもタイプはいろいろです。

さてここからは、お母さんたちから寄せられた質問にお答えしていくかたちで、わが子を算数好きにしたり、得意にさせたりするヒントをまとめていきます。

Q 計算ミスが多くて困っています。計算力を高める方法はありますか？

A 算数の得意不得意と計算ミスは関係ありません。いま大学で数学を学んでいる次男も、小中高校時代は計算ミスがたくさんありました。

お母さんが計算ミスに注目をすると、子どもは「自分は算数が苦手なのだ」と思いこんでしまいます。

たとえテストで計算間違いがあっても、「たまたま計算が違ったのね」と言ってあげましょう。

計算には、集中力が必要です。本人が「絶対間違わない」という強い意識で計算をすることが大切です。

わが家の場合、子どもたちには「計算の見直しはするな」と言ってありました。あとで見直しをすると思うと、計算に真剣に取り組まなくなるからです。一発勝負に挑む真剣さが、集中力を生みだすのです。

Q 文章題が苦手です。どうしたら得意になりますか？

A 算数の文章題こそ論理力を試されています。日常生活で論理的に考える訓練をしましょう。

たとえば、家族3人で出かけるとき、480円の切符を3枚買うとします。「いくらお金を用意すればいいかな？」と聞いてみてください。

小学生以上なら、「480＋480＋480」と言う子もいれば、「480×3」と言う子もいるでしょう。

もし、「500円×3から20円×3を引けばいいんじゃない？」と言う子がいたとしたら、その子は論理的に考えています。

480円は約500円だから、500円玉が3つで1500円というのはイメージがしやすいのです。1500円から60円を引けばいいので、普段から買い物をしている子どもならば、1440円とすぐに答えが出ます。

ただし、必ずしも正しい答えを出す必要はないのです。考え方そのものをほめてあげてほしいのです。

Q 図形問題は、どうすれば得意になるでしょうか？

A 図形は、実際の形をどれだけ頭のなかで自由に想像し、動かせるかがポイントになります。

そのためには、なるべくたくさんの実物の図形に触れることが大切です。**小さいときから積み木やブロック、パズル、折り紙でどれだけ遊びこんできたかが得意不得意の分かれ目になります**。

いまからでも遅くはないので、図形遊びをたくさんさせてあげましょう。

Q 母親の私自身が算数が不得意なので、子どもにうまく教えられません。何かいい方法はありますか？

A 小学1年生や2年生の算数なら、きっとほとんどのお母さんは教えられると思います。

しかし、4年生以上になると内容も難しくなり、昔自分が学んだはずなのにすっかり忘れてしまったりしていて教えることは難しくなります。

特に中学受験の問題など、まったく歯が立たないという場合もあると思います。

私の息子たちは、中学受験の塾へ行かず、自宅学習でした。私がつきっきりで教えたかというとそうではありません。

私も多くのお母さんと同じように、中学受験の問題は見たこともないような難問ばかりでまったくわかりませんでした。


では息子たちは、わからない問題をどうやって解いていたのでしょう。

問題集のうしろには、解答と解説がついています。

わからない問題はまず解答を見て、解き方を考えます。それでもわからなければ、解説を見てもう一度考えていました。それでもわからなければ、その場では諦めていました。

そして数週間後、または数か月後にもう一度チャレンジしていたのです。


大切なのは「問題が解ける」ことではなく、「問題の解き方がわかる」ことです。

そのために必要なのが、「考える力」なのです。解答を見て逆算して解き方を考える、解説を見て解き方を考える、そのような方法で自分が本当に理解することが肝心です。

「問題の解き方を誰かに教えてもらって丸暗記する」方法では、なかなか応用が効きません。自分で理解するからこそ、自分のものになるのです。

この方法であれば、親が教える必要はありません。

大切なのは親が子どもを励ますことです。子どもは、問題が解けないと落ちこんだり投げだしたりしたくなります。

そこを励まして、問題に食らいつく勇気をどれだけ与えられるかがポイントです。

Q 塾のテストの成績が安定しません。どうすればいいのでしょうか？

A 中学受験の塾では毎週のようにテストがあります。そのたびごとに結果が出され、親も子もそれを見て一喜一憂するわけです。

たいていのテストには出題の範囲があり、当然子どもの得意な範囲もあれば苦手な範囲もあります。

得意な範囲であれば高得点が取れるし、苦手な範囲では点数が悪いかもしれません。

親がそれを理解してテストの結果を見ればいいですが、どうしても「点数」だけにこだわってしまいがちです。

いずれにしても親の役目として大切なことは、「子供を励ます」ことですから、テストの点数がよかったときには「よくがんばったね」とほめ、点数が悪かったときには「今回はたまたま苦手な問題が出たのね」と励ましてあげることです。

点数が悪かったからといって親が落胆したり子どもを叱ったりしても、テストの点数が上がることはありません。

大切なのは、親がテストの点数だけに一喜一憂するのではなく、平常心で子どもを励ますことができるか否かなのです。

国語

算数の次に大切な教科が国語です。読むこと、書くこと、理解することは国語だけでなく、すべての教科で基礎となる大切な能力です。

しかし、国語はつかみどころのない科目と思われがちで、何をどうやって勉強すればいいのかわからないという声をよく聞きます。

どうすればよいのか、そのヒントを質問に答えながらまとめていきます。

Q うちの子は本が嫌いです。読書嫌いだと読解力はやっぱり身につかないですか?

A 国語の読解力をつけるためには読書をするべきだという話をよく聞きますが、読書と読解力は別ものです。

実際わが子たちは、小学校に入ってからはあまり読書をしませんでした。

赤ちゃんのときから絵本の読み聞かせはしていましたが、幼稚園に行く頃から図鑑が好きになり、毎日自分で見るようになりました。その後、算数のパズルなどは喜んで解いていましたが、小説などを読むことはほとんどありませんでした。

しかし、読解力はしっかりついています。本人たちは国語は苦手だと言ってはいますが、受験に必要な力は十分ありました。

読解力を身につけるためには、読書よりも論理力を磨き、論理的に考えることが必要なのです。

もちろん、読書はしないよりするほうがよいのです。

しかし、小学生になったからといって、好きでもないのに無理矢理本を読ませることはできません。

読書で「語彙力を増やす」「文章を理解する」「文字で書いてあることを頭のなかで映像化する」などの力をつけることはできます。

しかし、それが国語力のすべてというわけではありません。

本当の国語力とは、文章から本質を抜き出し、まとめたり言い換えたりする力なのです。それらは論理の力がなければできません。

つまり、国語という教科の本質も「論理力」なのです。

結局は、算数の論理力と同じことなのです。論理力を磨く方法が異なるけれども、目的は同じというイメージをもってください。

もしお子さんが読書好きであれば、どんどん読ませてあげてください。自分が好きで読書をすることは、そこからたくさんのことを学べます。そしていまあげたような「論理力」も読書のなかで身につけることができます。

Q 漢字、ことわざ、四字熟語がなかなか覚えられません。どうすればいいですか？

A 苦手なことを無理矢理覚えさせるよりも、生活のなかで遊びをとおして触れることが大切です。

私は子どもが小学生の頃、会話のなかでなるべくことわざを使うようにしていました。子どもが朝早く起きたら、「早起きは三文の得だね」とか、朝になって学校の準備を慌ててしていたら、「まるで泥縄だね」とわざと子どもの知らないことわざを使っていました。

私が料理を焦がしたりすると、子どもが「お母さん、二度あることは三度あるだよ。気をつけて」と逆襲されたこともあります。

ことわざや四字熟語は、生活のなかで遊びとして取り入れるのが、習得の一番の近道になります。

また、中学受験や高校受験になれば、子どもも必死で、いやでも覚える努力をするでしょうから、心配には及びません。

Q 作文が苦手です。作文の練習は必要でしょうか？

A これからの時代に必要とされる力は、「表現力」です。そのためにも、作文力はつけてあげたいところです。いくら思考力があっても、それを表現することができなければ、考えていないことと同じだからです。

作文を書くことは才能やセンスではなく、作文の書き方を学んでいるかどうかにかかっています。

たくさん読書をする子は、本のなかで作文の書き方を自然に学びます。

しかし読書をしない子は、書き方を学ぶ機会がありません。学校でも作文の書き方を教えてもらう機会はほとんどありません。

そうすると、家でお母さんが教えるか、塾や通信教育などで学ぶことが必要になります。

学校で日記の宿題が出るのなら、子どもが書いた日記を添削してあげましょう。お母さんが添削した日記を清書するのです。それを毎回続けていたら、作文はメキメキと上達します。ぜひ、試してみてください。

理科

理科は暗記と計算の科目と思われがちですが、そうではありません。やはり、論理力が必要なのです。また、理科と聞くだけで、「理科嫌い」と言うお子さんも多いと思います。

理科に関してもたくさんの質問をもらいますが、「理科嫌いをどうすればいいか」という質問がダントツに多いのです。

Q 理科に興味がもてないようです。どうすれば理科が好きになるのでしょうか？

A 私は、夏休みの自由研究に力を入れました。

その理由は、「理科が好きになるから」「理科の成績が上がるから」ということではありません。そうではなくて、ズバリ「自信」がつくからです。理科の自由研究で、大きく伸びます。

夏休み中かけて（場合によっては夏休み前から）自由研究に取り組むと、分厚い研究レポートができあがります。

それだけで子どもは自信をもつのです。学校に提出すると、先生や友だちから「すごい！」と言われるので、ますます自信がつきます。

研究のテーマは、身のまわりにあることでいいのです。

わが家の場合、ミニトマトやひまわりの観察、気温の変化や風車、お菓子づくりなど日常生活の延長と言える自由研究をしました。

運よく表彰状がもらえると、それだけで「自分は理科が得意なのだ」と思いこみます。

そうすると、理科の授業も真剣に取り組み、自然に成績も上がります。

お子さんを理科好きにしたければ、ぜひ親子で自由研究に取り組んでみてください。

Q 生物は好きだけど、物理は苦手です。どうすれば物理が好きになりますか？

A ひと言で「理科」と言っても、生物、物理、化学、地学はまったく別の科目と言っていいほど性質が違います。

親はどうしても苦手科目を勉強させたくなりますが、それは逆効果です。

まずは得意な生物（物理が得意なら物理でも）をとことん学ばせてあげましょう。そうやって理科の成績が上がったら、もっと点数を上げたくなって苦手分野も勉強するようになります。

Q 理科の用語や公式はどうやって暗記したらいいのですか？

A 小学生がひとりで理科の用語をすべて暗記するのは苦痛を伴うでしょう。理科が苦手な場合は、余計にいやがるかもしれません。できるかぎり、お母さんが手伝ってあげましょう。

しかし、子どもの側に座って叱咤激励をするということではありません。

わが家の息子たちは、中学受験をしました。理科の勉強では、星座の名前や植物の名前などたくさん覚えなければなりません。

そこで、**子どもがまとめたノートや参考書を見て、私が問題を出していました。答えられたら子どもの勝ち、答えられなかったらお母さんの勝ちというゲームです。**

そうやって勉強にゲーム性を取り入れることが、楽しく勉強するコツです。そして、暗記もラクにできるようになるのです。

社会

社会が得意な子は理科が苦手、理科が得意な子は社会が苦手、そんな傾向があるように思います。

小学生の間は、理科や社会に苦手意識をもたないことが大事です。

社会も理科も、中学校で小学校の内容をもう一度さらに深く学ぶことになります。

だから、小学生の間は、社会の事象を暗記するのではなく、「社会を見る目」「歴史を見る目」を養っておきましょう。

Q 社会が苦手です。地理や歴史は、何から始めたらよいのでしょうか？

A 社会の一番よい教材は、新聞です。毎日新聞を読むことによって、社会の動きを学ぶことができます。

小学校低学年の間は子ども向けの新聞もよいですが、高学年になったら親と同じ新聞を読ませるようにしてください。

地理を学ぶというよりも、「世界のなかでいま問題が起こっている国はここ」という観点から学ぶことができます。

また、**大きな地図をリビングに貼って、旅行で行った都市や行ってみたい街に印を付けるのもよいでしょう。**

細かい暗記から入るのではなく、大局を知ることが大事だと思います。

その他に、**歴史漫画も子どもが入りやすい入り口です。**

文字を読むことが苦手なお子さんであれば、漫画で視覚的に情報が入るので興味をもちやすいのです。漫画だと思うと、親は抵抗があるかもしれませんが、参考書といってもいい良質の歴史漫画はたくさんあります。

Q 社会が苦手です。中学受験によく出る時事問題には、どうやったら関心をもってくれますか？

A これも、新聞を話題にするとよいでしょう。子どもに読ませるというよりも、親子で読んで感じたことを話しあうのが効果的です。

わが家では、朝刊で読んだニュースを夕食のときに家族で話しあうことが、家族団欒になっていました。

子どもなりに社会のことを考えてはいますが、お父さんの大局的な意見を聞くと、「へぇー」と子どもたちがうなる場面もありました。

また、新聞の社説や天声人語（朝日新聞）を写すことも効果的です。はじめはポイントもわからず丸写しするだけですが、何度もくり返すうちに、記事の意図すること、レポートの書き方なども自然に身につきます。

小学生の社会は、成績を上げるためやテストで高い点数を取るためというよりも、将来大人になったときの教養の土台となる部分だと思います。

すぐに出る結果を求めずじっくり付きあうことが、結局は将来的な学力に結びつくのです。

英語

いまや国際化の時代。英語は、日本人にとっても必須の能力と言えるようになりました。

小学校の授業でも英語があります。「早く始めたほうがいい」「みんなに遅れてはまずい」ということで英語を習わせているご家庭も多いでしょう。

確かに、これからの時代は、英語が大切であるのは事実です。

しかし、英語は単なるコミュニケーションのスキルです。

英語ができるからといって、国際的な仕事ができるとは限らないのです。仕事のための道具と言い換えてもいいでしょう。いくらいい道具があっても、使う人の能力がなければよい仕事をすることはできません。


それでは、英語を使うための能力とは何でしょうか。

私は「コミュニケーション能力」「プレゼン能力」「共感力」だと考えます。

道具としての「英語」を磨くとともに、これらの能力を身につけさせることが「英語力」だと考えてください。

「英語は塾で習っているから大丈夫」ではなく、「英語が身近にある環境」「コミュニケーションやプレゼンを活用する環境」を用意することこそ、親の役目なのです。

そのために必要なのは、「新しい環境に飛びこむ」「新しい友だちや大人と触れあう」「自分のやりたいこと、欲しいものは自分で主張する」習慣をつけてあげましょう。


そのために親として気をつけたいことが二つあります。

ひとつは、「情報を集めること」。

外国の文化を知るイベントや外国の人と話したり遊んだりするチャンスを見つけてあげましょう。

そして、子どもだけでなく、お母さんお父さんが率先して楽しむことで、お子さんも「外国の人とコミュニケーションを取るのは楽しい」と感じるはずです。

わが家では、子どもたちが小さいときから外国人のホームステイを受け入れていました。アメリカ、中国、韓国、インド、フィリピンなど世界各国からわが家を訪れました。

私も主人も決して英語ができるほうではありませんが、必死にコミュニケーションを取ろうとする姿を見て育った子どもたちは、外国人に対して心理的な壁がなくなっていったように思います。

娘は中学校の終わりからイギリスに留学していますが、留学したいと思ったきっかけを聞くと、「家にホームステイをした外国の人たちと自分も会話をしたかったから。お母さんばっかりしゃべっていてうらやましかった。だから、英語に興味をもったの」と言っていました。


もうひとつは、「先回りをしないこと」。

子どもが「お茶！」と言ったら、ついお茶を出してしまいそうになるのはなぜでしょう。母親としての習慣かもしれませんね。

外出先でもつい「喉が渇いてない？　お茶は？」と声をかけてしまいがちです。

でも、そんな気持ちをグッとこらえることから始めるのがいいのかもしれません。

子どもが自分から「お茶が飲みたい」と言えるのを待つこと、これがプレゼン力、コミュニケーション力の基本になるのです。

英語力とは関係ないように思えますが、英語の表現力の土台になるものです。

いくら英会話が上手でも自分から発言をしないことには、外国人とのコミュニケーションは取れません。

娘は日本人としては積極的な性格ですが、留学当初外国人ばかりの授業にはついていけませんでした。

学校の成績でも、「授業の内容は理解していても、発言をしないので、実力が生かされていません」とコメントされ、散々な結果でした。

その後、自分でそのことに気づいて、積極的に発言をするようになって、やっと成績も上がりました。

道具としての英語はあとからでも身につきますが、土台は子ども時代につくっておかないと容易には身につかなくなります。

英語を子どもに学ばせるなら、しゃべることや単語を覚えることとともに、「コミニケーション能力」「プレゼン能力」「共感力」も磨いてあげましょう。

中学受験

中学受験は、過酷な世界です。まだ遊びたい盛りの小学生が、遊びたい気持ちを抑えて勉強漬けの日々を過ごさなければならないのですから。

もしかしたら、本人は中学受験の意味もよくわからないまま、親が言ったからという理由で受験勉強に勤《いそ》しんでいるのかもしれません。

ここでは、中学受験をする子どもの親として、考えなくてはならないこと、しなければならないことについてお話しします。

ひとつ目は、受験の世界ではすべての受験生が合格することはないということです。

実際、中学受験で第一志望校に通える子どもは半分もいません。半分以上の子どもが、悔し涙を流すのです。

そのことを理解せず、「第一志望校以外はあり得ない」と親が思ってしまったら、中学受験で子どもの心に大きな傷ができてしまうかもしれません。

そうならないためにも、お母さんお父さんは子どもと同じ土俵に立たず、冷静になることが必要です。

第一志望の中学に合格するために応援をすることはもちろんですが、希望が叶わなかったときにどうするのかを考えておくことが親の役目になります。

第二志望、第三志望の学校を受験するのか、または公立中学に進学するのかを想定しておきましょう。

そして、**合格発表の日にかける言葉をあらかじめ決めておきましょう**。

合格のときには、「おめでとう」と自然に口から出てきます。

しかし、万が一不合格のとき、どんな言葉をかけるかで子どもの中学生活のモチベーションが大きく左右されます。親が子どもよりもショックを受け涙を流していては、子どものいままでの努力が無になってしまいます。

二つ目は、「中学受験で人生は決まらない」ということ。

これはひとつ目と似たことですが、中学校のあとには、高校・大学と続きます。そして、その後社会人になります。

社会に出てどんな社会貢献ができたかで、人生は決まると思うのです。

そのほんの入り口である中学校で、その後の人生すべてが決まるわけではないのです。

私の息子たちは中学受験をしましたが、常に心に留めていたのは、「子どもが通う学校が、その子にとってはベストな学校」ということです。中学校は義務教育ですから、通える学校がないということは決してありません。

もし子どもが第一志望校に通えなかったとき、それが立ち直れない挫折の経験になってはいけないのです。たとえ挫折をしたとしても、立ち直るためのよい経験としてあげられるかどうかは、お母さんお父さんの心持ちにかかっています。

中学受験は、「受かったら私立中学、ダメだったら公立でいい」という安易な考えではなく、なぜ中学受験をするのか、ダメだったときにどうするのか、どんな言葉をかけるのかまでをよく考えてから、するかしないかを決めましょう。決して、「みんながするからわが子も」とは考えないことです。

おわりに

子育ての目標は、「どこの大学に合格するか」ではありません。

大学はあくまでも途中経過であり、大切なのは社会に出てどれだけ貢献できるかだと思っています。

しかしながら、「大学が子育ての目標」になっているお母さんが多いのも現実です。私もそんなお母さんのひとりと思われることが少なくありません。

「きれいごとを言っても結局はお子さんが東大・京大に合格したからそんなことが言えるのでしょう」

こんな辛辣な言葉をいただくこともあります。


私は、子育ての結果は子どもが30歳になったときに出ると考えています。

だから、まだ現在は結果が出たとは思っていません。子どもたちが大学で何を学び、社会に出てどのように生かすかが楽しみでもあり不安でもあります。

この本は私の子育ての結果を記したものではなく、あくまでも途中経過だと思っています。

この先子どもたちが社会でどのような仕事をし、どんなふうにお役に立てるのか楽しみに待っているところです。

私は「母学《ははがく》アカデミー」で子育て中のお母さんたちに「母学《ははがく》」をお伝えしています。それは東大・京大に合格するための子育て法ではなく、「将来、社会貢献をする大人」に育てるための学びです。通信講座や対面講座、メルマガやブログで1万人以上のお母さんたちが学ばれています。

まだ結果は目に見えない小さいお子さんたちばかりですが、私にはそのお子さんたちが大人になったとき日本のリーダーになっている姿が目に浮かびます。

母学を学んでいるお母さんたちは、最初は自信なさげですが学びつづけるうちに、子どもの未来を信じ自分に自信を持ち、生き生きと子育てをされる姿に大きく成長されていきます。

そんなお母さんたちを応援することが、私にできる社会貢献だと信じています。

この本を書きあげるにあたって、たくさんの方々にご協力いただきました。わが子たちは自分の一挙手一投足が本のネタにされることも嫌がらず、「何でも書いていいよ」と快諾してくれました。私の子育てに口出しをすることなく温かく見守ってくれた主人にも感謝の気持ちでいっぱいです。

母学アカデミーで学んでいるお母さんたちからは、ご自分の子育ての成功談や失敗談をたくさん提供していただきました。

また、実務教育出版の堀井太郎さんには、たくさんのアドバイスや励ましをいただきました。

多くの皆さまの協力でできあがったこの本が、たくさんのお母さんたちの子育てに役立つことを祈っています。

2018年3月

母学アカデミー　河村京子

母学《ははがく》アカデミーのご紹介

2011年、2000冊の育児書・教育書から得た知識と、3人の育児の成功や失敗の経験から考案したオリジナルメソッド「母学のすすめ」を開発。Webスクール、マンツーマンレッスン、動画教材で学べる「母学アカデミー」を開校。「子どもの能力を伸ばしたい」と願う母親たちから圧倒的な支持を得、受講者数は4000人を超えています。

「子育ては科学」「子育てには予習がいる」「親がレールを敷くことも必要」「反抗期はいらない」など、独自の子育てメソッドは、先が読めない時代の「新しい子育ての指針」として多くの支持を得ています。

ウェブサイトはこちら

https://haha-gaku.com/

母学　検索

読者プレゼント

この本をご購入いただいた方に2つの無料プレゼント

❶ 本書に載せられなかった原稿（PDF）をプレゼント

❷ 本書の中の3つのポイント解説動画のURLをプレゼント

応募はこちらから

https://haha-gaku.com/campaign2018/

パスワード　530

河村京子（かわむら　きょうこ）
母学アカデミー学長。
東大生、京大生、高校単身留学の子どもたちを育てた母。
「20年後の日本のリーダーを育てる」理念のもと、手本なき時代に国際的に成功できる子どもを育てるオリジナルメソッド「母学《ははがく》」を提唱する。

「私が親になっていいのだろうか」。結婚後、子どもを持つことに踏みだせない時期を過ごす。そこから一念発起し、国内外のあらゆる育児書、教育書を2000冊以上読破。得た知識と知恵をもとに3人の子どもを育てあげる。
子どもたちは現在、東京大学（在学中に起業）、京都大学、高校単身留学と、それぞれの夢を叶えるために奮闘中。
2011年、2000冊の育児書・教育書から得た知識と、3人の育児の成功や失敗の経験から考案したオリジナルメソッド「母学のすすめ」を開発。Webスクール、マンツーマンレッスン、動画教材で学べる「母学アカデミー」を開校している。

【著書】
『0歳から6歳までの東大に受かる子どもの育て方』（KADOKAWA）
『自立心と脳力伸ばす 親も楽しむ後ラク子育て—教えず・怒らず・とことん考える母学のすすめ』（ハート出版）
『東大・京大生を育てた母親が教える つい怒ってしまうときの魔法の言い換え』（イースト・プレス）
『お金のこと、子どもにきちんと教えられますか？』（青春出版社）
『子どもの学力は12歳までの「母親の言葉」で決まる。』（大和出版）

東大・京大に合格する子は
毎朝5時半に起きる

2018年5月5日　初版第1刷発行

著　者　河村京子
発行者　小山隆之
発行所　株式会社 実務教育出版
〒163-8671　東京都新宿区新宿1-1-12
電話　03-3355-1812（編集）　03-3355-1951（販売）
振替　00160-0-78270

印刷／日本制作センター　　製本／東京美術紙工

ISBN978-4-7889-1476-6　C0037

お母さんたちへの熱きラブレター

高濱コラム　子どもたちを育てる目

花まる学習会代表・**高濱正伸**【著】

[ISBN978-4-7889-1066-9]

悩めるお母さんたちを少しでも元気づけたい！　その熱き思いを胸に20年間毎月欠かさず書きつづけてきた、花まる学習会会報誌掲載のコラムの数々。読むだけで心のトゲトゲが消えて、元気が出てくる珠玉の35話。お母さんたちに大好評！

４つのノートを使い分ける！

子どもに教えてあげたいノートの取り方

花まる学習会代表 **高濱正伸・持山泰三**【著】

[ISBN978-4-7889-5907-1]

メディアで話題沸騰の高濱先生が初めて著した「成績が伸びる子のノートの取り方」。お母さんに見せるためのノートではなくて、学んだことを自分のものにするためのノートづくりのアドバイス満載。生徒さんの実際のノート例も科目別にカラーで紹介しています。

実務教育出版の本

多くの子どもがつまずいている箇所を網羅！

1日 10分 小学校入学前のさんすう練習帳
【かぞえる・あわせていくつ】

西村則康【著】

[ISBN978-4-7889-1169-7]

1日 10分、ゆっくりとやってください。本書には、「おうちのかたへ」として、やり方のアドバイスを各所に入れています。できるかぎりそれに沿って、お子さんにおつきあいください。お母さんの笑顔やほめ言葉やねぎらいがお子さんのやる気を育てるのです。

1日 10分 小学1年生のさんすう練習帳
【たし算・ひき算・とけい】

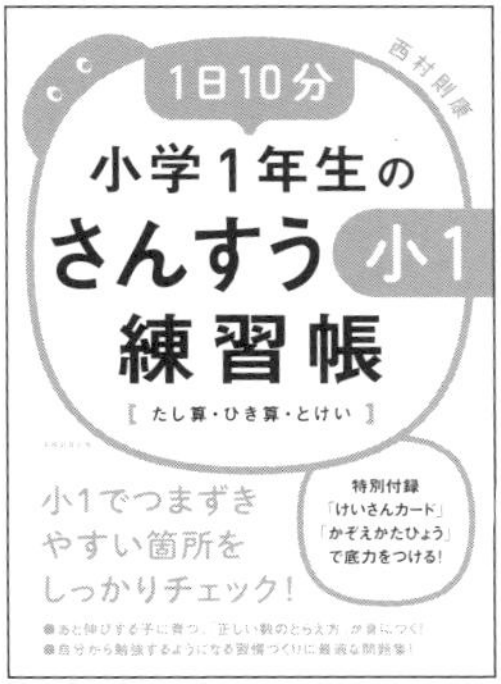

西村則康【著】

[ISBN978-4-7889-1163-5]

1日 10分、毎日続けることがポイントです。その際に、おうちの方が笑顔で学習に誘ってください。勉強とほめてもらえることのくり返しが、勉強を続けていける子に育てます。小学校に入学してやる気が高まっているこの時期に、学習習慣を身につけさせることが大切です。

実務教育出版の本